ばいばい
心の緊急事態

追い求めるのをやめてみた。

「生きづらさのカラクリ」を知って幸せになる方法

心理カウンセラー
妹尾まみ

風鳴舎

はじめに

私は子供の頃から、いつも得体の知れない寂しさと戦っていました。その寂しさは、大人になってからもずっとまとわり続け、転職を繰り返し、結婚・離婚を繰り返したあとも続いていました。いい歳をして理由もなく寂しがるなんて変だと言われることもありました。でも、得体の知れない寂しさを抱え、生きづらさを感じて生きている人たちは、実はけっこういるようで、特別なことではなかったことがわかってきたのです。

30歳を過ぎてから、私よりもっとつらい思いをして育ち、重篤な心の病に冒されてしまった人たちが、周囲に何人もいたことがわかり、40歳を過ぎてから「精神疾患について学びたい！」という思いが、むくむくと湧き起こるようになりました。ずっと勉強嫌いだった私が夜間大学に編入して心理学を学び、ハーバード大学とフォーダム大学にも短期留学をしてアメリカの最先端のメンタルケアを学んだあげくに、カウンセラーとしての道を歩むまでになったのです。

そして、心理学を学び進むうちに「寂しさのわけ」が解明され、私はとうとうあの得体の知れない生きづらさからも解放されました。生きづらさを感じる要因は、性格の問題だけではなく、子供時代の体験による影響がかなり大きいこともわかったのです。

そのような「生きづらさ」は、身体的不自由や発達障害、HSP（生まれつき非常に敏感な人）などのハンディを負われている方々の「生きづらさ」とは比べ物にならないのではないか？　と思われるかもしれませんが、根本的な心の苦しみは同じではないかと私は考えます。ハンディがあったとしても、周囲からの理解や支えがあれば、ハンディを乗り越えて幸せを感じることもできますし、ハンディが無いはずであっても、周囲からの理解や支えがなければ「生きづらさ」を抱えながら生きることになります。ハンディがあっても無くても、私たち人間は、他者との関わりの中で苦しんだり幸せを感じたりするのです。

「幸せ」について、世界中の学者たちが調査した結果を集結させた「happy」というドキュメンタリー映画をご覧になったことはありますか？　ニューヨークなどの都会のセレブたちの多くが、物質的には恵まれているにもかかわらず、実は「幸せだ」と答える人が少ないのに対して、貧困地域では意外にも多くの人々が「幸せだ」と答えているという映画です。上を見ても下を見てもキリがありませんが、自分が置かれている日常の中で満足できる人は「幸せ」になれるということなのです。そして、「幸せだ」と答えた人たちに共通していたのは、家族や友人たちと良好な関係にあるということでした。

過去や他者を変えることはできませんが、過去の出来事や他者の心情を客観的にとらえ直すことができるようになると、不思議なくらい違って見えてきてわだかまりが消え、人間関係が良くなり、生きづらさからも解放されます。私も過去を客観的にとらえ直してみたら、わざわざ傷つくようなとらえ方をしている自分に気づき、受け止め損ねていた愛情さえも感じ取ることができるようになりました。客観的なとらえ直しは、練習すれば誰にでもできます。物事をどう受け止めるかによって、気持ちを変えることもできるようになるのです。

もしも、あなたに次のいずれかがあてはまるようでしたら、ぜひ一緒にご自分の過去をとらえ直してみませんか。

- 気持ちが満たされないことが多い
- 自由を感じられない
- 「自分らしく」なんて言われると戸惑う
- 周囲からの評価が自分の価値基準になっている
- 自信を持ってできることが少ない
- 「自分なんて」、「どうせ」とよく思う
- 何をやってもうまくいかないと感じる
- 親からの愛情が感じられなかった
- 人を信じられない
- 人から大事にされていないと思う
- 自分は幸せになれない気がする

物事をどうとらえるかで人生は変わります。この本を読み終えた後には、きっと右のような思いから解放されるのではないでしょうか。

早読みINDEX

自分の気になる「傾向」について書かれたページをピンポイントで探せるINDEXです。読みたいページから読んでみてください。

第1章

プロローグ

「生きづらさ」を抱えて生きていた
当事者の一人として、私の体験談を紹介します。
決定的なトラウマではなく、
誰にでもあるような小さな不幸やどこの家庭にも
大なり小なりあるような親の言動やしつけが、
実はメンタル疾患の原因になりやすいのです。

小さなトラウマ

一般的には「カウンセラーは自分の話をしてはいけない」と言われていますが、「生きづらさのわけ」がわからずに苦しんでいるみなさんに、私の生きづらさが解消されたプロセスをお伝えすることで、少しは参考にしていただけるのではないかと思うようになりました。私自身をケースとして検証するという形で、生きづらさのからくりを説き明かしてみようという考えに至った次第です。あくまでも一つのケースに過ぎませんが、大して不幸とは思われないようなこの程度のトラウマでも思考回路にかなり影響を及ぼしているということと、思考回路は変えられるということを、お伝えできればと思います。「中途半端な不幸」は理解されにくく、かえって厄介であることや、メンタル疾患の原因にもなりやすいということがおわかりいただけるのではないでしょうか。まずは、私の父母と私の子供時代の話をさせて下さい。

父、妹尾河童《せのおかっぱ》

「少年H」をご存じでしょうか？　第二次世界大戦の戦中戦後の神戸を舞台に、当時少年だったH君の視点で書かれた小説で、1997年に出版され、教科書でもとりあげられてロングセラーとなり、2013年には映画化もされましたので、少年H君をご存じの方は多いかもしれません。けれども、少年Hの著者が妹尾河童《せのおかっぱ》であるということまでご存じの方はそれほど多くないかもしれないのに、私は「河童さんの娘さんです」と紹介されてとても困ることがあります。

父は戦前の学生時代から、小磯良平画伯のアトリエに出入りしていて、終戦後に小磯先生の紹介で、看板屋に就職した後に、大阪で劇場のポスターなどを描く仕事をするようになりました。つまり、美大とは無縁のルートで、グラフィックデザイナーになれたのです。その後、当時の大スターであったオペラ歌手の藤原義江さんに、ポスターの出来栄えを称賛され、上京して居候させてもらい、24歳のときに、突然、藤原歌劇団の舞台美術を依頼されて以降、28歳で私が生まれるまでは、自由気ままで貧乏な舞台美術家でした。しかし私を育てるために、昭和33年に開局したばかりのフジテレビに正社員として就職し、45歳で退職するまで「ミュージックフェア」や「夜のヒットスタジオ」などの音楽番組やドラマのデザインも手掛けるようになりました。父は40代から執筆活動も始め、「河童が覗いたヨーロッパ」「インド」「ニッポン」などの「河童が覗いたシリーズ」でユニークな細密イラスト入りのエッセイストとしても知られるようになったのですから、とても強運に恵まれた人だと思います。私は「運も実力のうちだ」と言えるような強い父から、ずっと緊張感を強いられながら育ちました。

父はよく、「子供だから特別に許されるようなことは何もない。家族の間柄であっても甘えるべきではない」と、はっきり言っていました。たとえば、私が友人とのトラブルでメソメソ泣いていれば、『私はかくかくしかじかの理由で泣いていますが、心配しないで下さい』と断ってから泣きなさい」という具合でした。「誰に対しても何も言わずに察してもらおうなんて思うな。それは甘えだ」と言うのです。「家族なんだから、そんなに気を遣わなくてもいいじゃないの!」と反発するようになった思春期の私に、「ここはパパとママの家なんだから、気に入らないなら出ていって下さい」と言ってのけました。けれども、50年後に私がズタボロになってしまったときに、「娘なんだから必ず助ける！」と言ってくれたことで、実は「家族だから」という特別な思いが父にもあったことがわかり、拍子抜けするほど驚きました。

父は、厳格で冷徹な人だったわけではなく、感覚が日本的でない人なので、出勤する前に、母と軽くキスを交わしたり、人前でもオーバーに「愛しているよ〜」と言ったりします。私も洋画に出てくる子供のように、毎晩「おやすみ」のキスをしてもらえました。誕生日やクリスマスにはかなり盛大にプレゼントを用意してくれていましたし、約束を守れたからというような理由で、私が欲しがっていたお菓子などを買ってくれることもありました。昔のアルバムを開けば、夏は海水浴、冬はスキーなど、楽しそうな写真がたくさんあります。写真を見る限りは、楽しいことがたくさんあったようです。「ようです」というのは、両親には申し訳ないことに、どこに居ても叱られてばかりいた記憶が残る私には、「とてもつまらない日々だった」というのが正直な思いなのです。

継母、風間茂子

私が2歳8カ月のとき、実の母、美佐は、30歳の若さで脳膜炎により急逝しました。そして私が3歳のとき、父は、フジテレビ入社前に所属していた事務所の事務員だった茂子と再婚したのです。恋愛ではなく、周囲からの勧めによるプロポーズを受けて、彼女はもの凄くビックリしたそうです。祖母（美佐の母）は、たった一人の愛娘が急死したため、残された私を不憫に思うあまり、猫可愛がりしていたようですが、美佐の死後3日目に、私の父に「喪に服すなんてことは考えないで、プチ（子供時代の私の愛称）のためにも早く再婚なさい」と勧めたらしいのです。これには父もビックリしたそうですが、祖母には、美佐の入院後からずっと預かっていたやんちゃな私の面倒は、とても見切れないという現実的な問題もあったようです。

母（茂子）が、当時、祖母に預けられていた私に会いに行ってみたら、私がまとわりついて離れず、帰るときも「また来てくれる?」と別れを惜しまれたそうです。その様子は可愛らしかったけれど、青白い顔をした不健康そうな子供だったというのが、私と「お見合い」をしたときの第一印象だったと言っていました。私は、朝起きるとすぐに「飴ちゃん！」とねだり、常にお菓子を握り締めていて、ご飯をちゃんと食べずにいたようです。私たちは精神的な負担が大きいときに、甘いものを食べることで一時凌ぎをすると言われています。幼かった私も、何が何だかわからない不安な状況を凌ごうとしていたのかもしれません。

母は、「実母を亡くした不憫なこの子の、育ての母親になろう」という想いもあり、「河童も、もう年貢の納めどき、浮気をすることはないだろう」という周囲の言葉を信じて結婚したものの、その後も父の病気みたいな女好きは治らず、私は私でちっとも可愛くなくなり、「二人にだまされた〜！」と苦笑しています。しかし私は母から「あなたのために結婚してあげたんだからね」と言われたことは一度もありません。

父と祖母が、「初婚の茂子が新婚生活気分を味わうことも必要だ」と考えたため、私は、幼稚園に通うようになるまでの間は、祖父母の家で暮らしていて、ときどき両親が暮らすアパートに泊まりに行っていました。初めて両親のアパートに泊まることになった夜、さっきまで機嫌良くはしゃいでいた私が、寝る前になって急に泣きそうな顔をしていることに気づいた母は、

「泣いてもいいのよ」と声をかけたそうです。そうしたら、私はとたんに母の腕の中で大泣きをしたという記録が、母の育児日記に残されています。単に寝る場所がいつもと違うというだけでなく、ずっと抱えきれないほどの不安に耐えていた気持ちを受け止めてもらえそうな気がしたのでしょう。実母を亡くした後の私が、「ママはどこ?」と一言も言わなかったのはなぜだろうと、父は当時、不思議に感じたそうです。幼かった私も、「母親がいなくなった」という異変は感じていたでしょう。でも、そのようなことが現実であっては困るから認められないという防衛本能により、きっと無意識に否認していたのだと思われます。

母は、父ほどオーバーに親しみを表現する人ではありませんが、幼い子供に一番わかりやすい愛情表現はスキンシップだと考えていたようです。私から抱きつけば、突き放されるようなことはなく、ギュッと抱きしめてもらえました。にもかかわらず、私は、なんとなく母に愛されていないような不安を感じていたのです。子供は感受性が強いといわれますが、私も幼いながらに、母が私に対してなるべく感情的にならないように気を付けていたことを肌で感じていたようです。

大人になってからは、母の優しさがわかるようになりましたが、当時の母のイメージは、「クールで厳しい母親」でした。母はとても責任感の強い人だったので、祖母に甘やかされていた私は、厳しく躾け直されました。母はその頃の育児日記の冒頭に「誰にどう思われようとかまわない。この子をちゃんと躾けるのが自分の役目だから、この子が成長してから私を恨むようになることも覚悟している」と書いています。母は真面目な優等生タイプでしたから、私を一人前に育てることを自分の役目と心得ていたようです。実は私は小学生のときに、その育児日記を盗み読みしたことがありました。母の決意が書かれた冒頭の内容は、当時の私には意味不明でしたが、読みながらボロボロ涙が溢れました。母が一生懸命であることは伝わってきたのです。人の日記を盗み読みするのはいけないことですが、このときに読んだことで、「血は水より濃い」などと思わないような信頼関係を築くことはできたと思います。

見捨てられ不安

「約束したら必ず守る」「嘘をつかない」「すぐにリアクションをする」などの基本的な躾の

他にも、帰宅や就寝時間の厳守、家事の分担など、我が家には細かい規則がたくさんありました。規則が守れないときはビンタされたり、水を抜いた浴槽に閉じ込められ、木製の蓋の上に父が漬け物石のように乗っかってしまい、真っ暗な中で「ごめんなさーい！」と大声で泣き叫ぶことになったり、お仕置き用にいつもスペースが空けられていた押入れの中に入れられたりしていました。当時は親や教師による暴力的な躾はよくありましたが、我が家はかなり厳しい方だったのではないかと思います。今なら児童虐待で通報されていたかもしれません。

このように、子供の私からすれば、まるで2枚の鉄壁のような両親でした。自分たちの感情を見せず、まるでコンピューターのように計画的に徹底した躾を実践していた、両親の強い信念と根気はすごかったと、今なら尊敬できますが、当時の私には完璧過ぎて参りました。

両親のこの信念の強さと実行力は、世間の偏見や望ましくない価値観から私をしっかり守ってくれていました。でもそれは今だからわかることで、子供の頃の私にとっての我が家は、温かい家庭というイメージとは程遠い、規則がたくさんある寮生活のようなものだったのです。朝から晩まで叱られっぱなしだった私は、両親が自分を愛してくれているなんて思ったことがありませんでした。「両親にとって、私はどうしようもないダメな子で、恥ずかしい子に違いない」と思い込んでいたのです。自分は滅多に両親を喜ばせることができない子であるという自覚もありましたので、親がしてくれたことがたいして嬉しくないときでも、大袈裟にはしゃいで喜んでみせたりしていました。そんな私の様子を見ていた親は、単純で無邪気な子供だと思っていたようです。

こんなふうに、親が子供のためだと思ってしてあげていることの価値を、子供は理解できていない場合が多いでしょうし、親は子供なりの複雑な気持ちに気が付かないことが多いのではないかと思います。そのために、子供の頃の両親の厳しい躾が「見捨てられ不安」の原因になっている人は多いようです。本当は、ずっと両親から愛されていたなんて！　私の方が親の愛情の形にとまどっていて、愛情として認識することができずにいただけで、愛されていなかったわけではなかったんだということに気づいたのは、親元を離れて30年近くも経ってからでした。

私がこの本で取り上げたいテーマの一つは、**「子供の頃にどんな気持ちで育ったかが、私たちの人格形成にかなり大きな影響を与えている」**ということです。私たちの心の中に残っている子供の頃の思いが、大人になってからの、思考や言動にも大きな影響を与えているわけですから、**検証してみる必要があるのは「過去の出来事」だけではなくて、「どう受け止めたらよかったのか?」**ということです。私の場合、親からの「見捨てられ不安」も「生きづらさ」の原因となり、転職や離婚を繰り返すことになっていたようなのです。しかし、**大人になってから、過去の受け止め方が変わったり、信頼関係を築くことができる人たちと出会えることにより、「生きづらさ」から無事に解放される可能性がある**ことも、本書を通してお伝えできたらと思います。

第2章

とらえ方を変える方法

「生きづらさ」から抜け出すための
具体的な解決法を提案していきます。
まずは思考的アプローチです。
自分の生き方の癖、考え方の癖に焦点をあてて、
思考のマイナーチェンジをしてみましょう。
それだけで嘘のように扉が開くことがあるものです。

自分に都合良く受け止める

【物事にはプラスとマイナスがある 見捨てられ不安を知る】

褒められて素直に喜べる人と、「そんなはずはない」と否定してしまったり、プレッシャーに感じてしまったりする人がいます。あなたはどちらのタイプでしょうか？　もしも無意識に悲観的な受け止め方ばかりする癖があるようでしたら、とても生きづらいだろうと思います。

ポジティブシンキングとか、自分を好きになるというのは、私には難しいことですが、**なるべく自分に都合良く受け止める**ようにしています。そうするだけで、ずっと生きづらさを感じていた私が、穏やかな気持ちでいられるようになり、人間関係も楽しめるようになりました。

ダメな人なんていているわけがないのです。なぜなら、**長所と短所は同じ線上にある**からです。たとえば、おっとりしている人はルーズだと思われる場合もあるでしょうし、几帳面な人は堅苦しく思われることもあるというように、あなたにも必ずマイナス面と同じだけのプラス面があるはずなのです。否定的な思い込みは損をするだけです。人の個性だけでなく、物事の全てにおいてプラス面とマイナス面が必ずセットになっていると考えてみて下さい。マイナス面ばかりが見えているから、悲観的な気持ちになってしまうのです。ならば、なるべく自分に都合の良い「プラス面」に目を向けるようにして、安心した気持ちで過ごしていこうではありませんか。褒め言葉も、素直に受け止めて喜びましょう。

カウンセリングルームにいらっしゃる人たちには、自分に都合の良い考え方ができない傾向が多く見られます。そのことを客観的に確認していただけるツールとして、心理テストの一つ、「自我態度スケール」というのがあります。100問近い簡単な質問事項に対して、「よく当てはまる」「どちらとも言えない」「まったく当てはまらない」の3段階で答えてもらい、それらを集計すると、「責任感が強い」「適応力に富む」とか、「感情を押し殺す癖がある」というような、常日頃の対人関係における癖や価値観の傾向がわかる心理テストです。テストの結果には良いも悪いもなく、長所の延長線上に短所があることが示されます。先述したように「おっとりしている人」は「ルーズ」でもあり、「几帳面な人」は「神経質」でもあるという具合で、その逆もまたしかりです。また、本来なら**長所としてとらえられがちなことが、自分の首を絞めていたり、短所と思われるところが、自分を救っていたりする**といったこともわかります。

考え方の癖を直すというのは簡単なことではありませんが、決して不可能なことではありません。自分を望ましい気持ちに持っていけるような受け止め方に変えていきましょう。自分を認めてくれる人なんて、いるわけがない！　などと悲観していては始まりません。実は認めてくれている人がいるのに、気が付いていないだけかもしれませんし、自分の方から否定してしまっているのかもしれません。認めてくれる人というのは、家族や、職場の人とは限りません。**客観的にあなたの良いところを見つけてくれる人が必ずいるはずです。**そう思うことで、自分を認めてくれる人に出会えるようにもなります。

自己評価の低さは「見捨てられ不安」が原因

否定的・悲観的な受け止め方をしてしまう癖のある人に親子関係について伺ってみると共通

点があります。親からの「見捨てられ不安」を感じていた人です。たとえば、

- ・一人親である　・家族に病人がいる　・親がとても厳しい
- ・子どもに対する過剰な期待　・両親が不仲　・親が依存症
- ・虐待　・ネグレクト（無視）

など、子供らしく安心して、遠慮なく親に甘えることができないような**「機能不全家族」**で育つ子供は、**見捨てられ不安**に怯え、子供らしからぬ努力を強いられるような子供時代を過ごすことになります。その結果、**我慢強く、頑張り屋さんで、自分の意志ではなく他者の期待に応えるような人になりがち**です。また、他者に対して不信感を抱きがちなため、表面的な対人関係に問題はなくても、常に**独特の孤独感**にまといつかれるようになります。

私たちは10歳くらいまでは、自力では生きていけませんから、どのような環境であっても、育ててくれる親や身近な大人たちに見捨てられないように生きるために、もの凄い適応力が与えられています。親が「ダメな子ねぇ！」と叱ってばかりいても、実は叱られる環境に適応し

てダメな子の役になっているだけで、いざ自力でなんとかしなくてはならない状況になれば、ちゃ～んとできたりするのです。身近な大人たちの価値観がたとえ望ましいものでなくても、子供はその影響をもろに受け、適応しながら成長することになると考えるとちょっと怖いですね。

子供にとっての苦しい環境とは、経済的な貧しさ以上に、ことごとくダメ出しをされる日常生活です。機能不全家族の大人たちは、いつもイライラせかせか不機嫌なことが多く、子供ときちんと向き合ったり、子供の気持ちを深く考えたりする余裕がない傾向が見られます。**精神的に余裕のない親に育てられた子供は、愛されているという安心感を得ることができません。そのため、自己評価がどんどん低くなり、自分は愛される価値がない存在だと思い込むようになってしまいます。**大人になって親から離れて社会に出ても、その生きづらさは続きます。**他人からは優秀な人として評価されるようになっても、自己評価の低さが邪魔をして、自分を肯定して安心することができないのです。**

大人になれば、私たちは特別な制限がない限り、自力で環境を選ぶことができるようになります。良質な環境で生まれ育った人は、それをベースにして、さらに快適な環境を求めます。ところが、苦しい環境で育った人ほど、見捨てられ不安に怯えているため、不本意な環境に置かれていても、そこに適応することばかり考えてとどまってしまいがちです。

プロローグで紹介したように私も「見捨てられ不安」を抱いて育った子供の一人です。私のカウンセリンググルームにいらっしゃる方も「親からの愛情が感じられなかった」と訴える人が少なくありません。そのようなクライエントさん（依頼人）の生育歴や思いを伺っているうちに、多くの場合は、**愛されていなかったわけではなくて、愛情のキャッチボールがうまくいかなかっただけ**なのではないかと感じるようになりました。どのような育て方をしても、子供から100点満点をもらえる親はいないでしょう。

私たちは、たとえ家族でも、まったく異なる個性を持つので、愛情表現にも違いがあって当然です。お互いの違いを理解し、尊重し合えれば素晴らしいのですが、それは、かなり難しいことでもあります。特に家族となると、心の底では愛情を求め合っているにもかかわらず、心のギャップが埋められないほど大きくなってしまうケースも少なくありません。

私もずっと親からの愛情を感じられずにいました。怒ってばかりいる両親に常に威圧感を感じていましたし、人前でも容赦なく叱られるので惨めな気持ちになる場面が多かったからです。子供に全く隙を見せない両親でしたので、人間らしい感情が感じられず、私の気持ちなんてわかってもらえるはずもないと諦めていました。たまには褒めてくれたこともあったのでしょうけれど、「私は何をやってもダメな子なんだ」と思わされることがあまりに多過ぎて、大人になってからも「ダメな子のレッテル」を貼られているような感じがしていました。

ダメな子のレッテルは剝がせる

たとえ一人親でも、のびのびと元気良く健やかな心で育つ子供もいます。同じような環境で育ったとしても個人差がありますから、**一概に養育環境で良し悪しを断定できるものではありません。肝心なのは、「どのような気持ちで子供時代を過ごしていたか」です。**過去の出来事は変えられませんが、**自分に都合良く解釈することができるようになれば、つらかった思いも変わってくるものです。**たいていの人は、親から叱られたことも、懐かしい笑い話にしています。

私も、厳し過ぎる親に鍛えられたおかげで、社会に出てからの紆余曲折を乗り越えられて、今があるんだと思えるようになりました。もっと深刻な家庭環境に育った人は、そんなおめでたくなれないと思われるかもしれませんが、**マイナス面とプラス面は必ずセットになっていると考えて、自分に都合の良い受け止め方をしてみて下さい。そうすることで、自分を認めてくれる人との出会いが増えていき、幸運に恵まれるようになります。**

私は、**両親の愛情の形が、自分がイメージしていた形と違っていただけだと気が付いてから、「見捨てられ不安」から解放されるようになりました。**すると不思議なことに、周囲の人たちとの人間関係も、心地よく感じられるようになり、幸運にも恵まれるようになったのです。

私は、小学校入学当時の成績はまぁまぁだったのですが、掛け算の九九がなかなか覚えられなくて、それからはすっかり算数が嫌いになってしまいました。中学校に入学したら、担任の先生が数学の教師で、授業中だけでなくいつもダメ出しをされているような気持ちになってしまいました。今思い返してみると、具体的にダメ出しをされたことはなかったのに、私は、自己評価の低さから、「先生は自分のことをダメな生徒だと思っているに違いない」と勝手に思い込んでしまっていたのです。

ダメな生徒になってしまった私は、学校が嫌いになり、だんだんさぼるようになり、進学せずに早く働きたいと安易に考えるようにさえなりました。しかし、可愛がってくれていた祖母に「いまどき中卒だなんて」と泣かれて不安になり、高校に進学した方がよさそうだと思うようになりました。ところが、両親からは「学費がかかる私立じゃなくて公立にしてね」と言われ、受験勉強など全くしていなかった私は焦りました。それでもなんとか都立の商業高校に進学することができたのは、私の一つ目の幸運でした。

商業高校には、事務実践の授業がありました。具体的には珠算やタイプ、簿記など、検定試験を目指す授業です。一般科目よりも、検定試験に合格することの方が重視されました。私は「ダメな生徒」のレッテルが剝がされたような気がして、やる気が出てきました。

その勢いで、苦手だった数学も勉強するようになりました。受験シーズン間際になって急に進学を希望し始めた私に、数学の先生が受験情報を教えて下さったおかげで、私は短大に合格することができました。これが私の二つ目の幸運でした。

社会人になってから、私は自分の文字を恥ずかしく思うようになりました。私は父のレタリングを真似ていたのですが、「おまえの文字はデッサンが狂っている」と言われましたし、私の世代では「丸文字」という存在がまだ認められていなかったからです。ところが、就職先の不動産会社の社長が私の丸文字に目を留めて、毎月の訓示を模造紙に書いて掲示する係に任命して下さったのです。社員から恐れられていた強面の社長でしたが、私は社長が好きになり、社長も私を気に入って下さっている、と勝手に思えるようになったことで、出勤がなんだかとても楽しくなりました。

子供の頃は、都合良く受け止めようがないくらい、はっきりダメ出しされて貼られた私のたくさんの「ダメな子」のレッテルは、私を好意的に見て下さる人との出会いにより、一枚ずつ剝がされていくように感じられました。今でも計算が苦手で字が下手な私に変わりはないのですが、子供の頃よりも、ずっとのびのびとした気持ちで暮らせるようになりました。自分を認めてくれる人の存在はとても大切です。

親の愛情だけに固執しない

機能不全家族で育っても、幸せな家庭を築いている人は少なくありません。そのような人たちは、子供なりに両親を鋭く観察していて、**反面教師**にしているようです。もしもあなたの家族が機能不全家族であったとしても、決して悲観しないで下さい。子供の頃から鍛えられてきたあなたなら、たくましく未来を切り開き、素敵なパートナーを見つけることができるはずです。

問題なのは、親からの愛情をあまりに重視し過ぎて、親に愛されなければ誰からも愛される資格がないと思い込んでしまうことです。これが「見捨てられ不安」の正体です。「見捨てられ不安」に支配されている限り、全ての物事の受け止め方が悲観的になり、幸せな気持ちからどんどん遠のいてしまいます。幸せになれないのではなく、無意識に幸せを拒否するような言動が癖になってしまっているのです。私たちは同じ物事に直面したとしても、どのような気持ちで受け止めるかということで、幸せにもなれるし、不幸せにもなってしまうのです。

私たちが追い求める「幸せ」というのは、物質的な条件が揃うことで満たされるものではなく、日常の瞬間瞬間の心の有り様であり、特に感謝の気持ちから湧き出るものだと思います。感謝の気持ちというのは、人との信頼関係によって生じるものです。信頼関係が築けない人は幸せな気持ちになりにくいということでもあります。

他者との信頼関係の基本は、乳幼児期に母親との愛着関係から築かれると考えられています。確かに乳幼児にとっては、母親の存在は無二ではありますが、たとえ母親が存在しなくても、誰かの愛情が注がれていれば、母性愛に乏しい母親に育てられるよりずっと幸せな気持ちで成長することができます。私たちは、大人になってからも、様々な人からの厚情に包まれながら、成長し続けてゆくのです。

過去と他人は変えられないと心得る

【天邪鬼になる　自分が変わる　記憶と向き合う】

大切な人を亡くしたとき、大失恋をしたときの喪失感は、体の一部を失ったかのように大きく、悲しみで体に力が入らず、生きているのもやっとだったりしますが、時が経つにつれて、悲しい気持ちだけではなく、懐かしさや感謝など、ふんわりとした温かい気持ちも芽生えてきて、少しずつ変化していくものです。**物事には全てプラス面とマイナス面があることを思い出して、マイナス面ばかり見えてつらいときは、天邪鬼のように無理やりひっくり返してプラス面を見出だす癖をつけましょう。受け止める気持ちの変化により、変わるはずのない出来事も違って見えてくるものです。**子供の頃の家庭環境や過去の出来事も変えることはできませんが、受け止め方でずいぶん違ってくるはずです。

また、他人を変えるのはとても難しいことですが、自分の受け止め方次第で、人間関係を大きく変えることもできます。自分が変わるのもなかなか難しいことですから、相手を変えるのはもっと難しい、無理だと考えた方がよいかもしれません。ならば、相手を変えずに自分のストレスを減らす方法を考えてみればよいのです。我慢をするとか、無理して相手に合わせるというやり方とはちょっと違う「工夫」です。我慢すればするほどストレスを増やすことになりますから、我慢は長くは続きません。いつか大爆発して、相手との関係もさらに悪化させてしまいます。我慢したり犠牲になったりしなくても済むような工夫をすることで、状況の改善は可能なのです。こちらのやり方を変えてみると、不思議なことに相手の様子も変わっていきます。

この世は様々な人たちの様々な思惑でうごめいています。その中で折り合いをつけて生きていくためには、時には**多少の我慢も必要ですが、あまりにつらい気持ちが長く続くような場合は、無理をせずに相性が良くないせいだと、自分に都合良く解釈して、距離を取るようにする方がお互いのため**かもしれません。けれどもなかなかそれができないような関係で、**なんとか好転させたいと思うなら、相手に期待せず、思い切って自分の方が変わってみましょう。**自分を変えるといっても、迎合したりする必要はありません。受け止め方を変えればよいのです。たとえば感じが悪い人でも、「私に対してだけでなく、誰に対してもそうなんだ」とか「きっと虫の居所が悪いんだ」などと、勝手に**自分に都合が良いような受け止め方をすることで、相手への敵対心や不快感は軽減されます。すると相手の感じも変わってきたりするから不思議です。**人間関係はお互いの感情の相乗効果の形だからです。

過去の呪縛をとく糸口

「記憶というのは、自分に都合良く改ざんされるものなのねぇ」と母が言ったことがあります。母は、毎日私を叱ってばかりいて、私をこらしめるためにプチ家出までして、自己嫌悪に陥ることがあるくらいだったということを、50年以上前に自分が書いた育児日記を読み返して思い出したそうなのです。それまでは、「プチは面白い子だった」という記憶しか残っていなかったと言うのです。

一方で私は、母が自分を面白い子だと思っていたなどとは露知らず、嫌われていると思い込んでいました。嫌われたくないのに、嫌われるようなことばかりしている子供だったという記憶しか残っていないのです。子供がやりたいことというのは、たいてい大人が制止するようなことです。私は叱られることがわかっていても、やりたいという衝動を抑えることができない子供でした。だから、のびのびとした能天気な面白い子供だと思われていたのでしょう。ところが私は、叱られたことばかり記憶していて、楽しかったことを思い出すことができません。ちょっと調子にのってはしゃぐとすぐに叱られるという具合で、いつも憂鬱な気持ちでいたような気がするのです。私の親に限らず、たいていの親は子供の心を傷つけたことなど、ちっとも自覚していなかったり、すっかり忘れていたりするようです。母のように、嫌なことを忘れてしまえる人もいますが、私のように、嫌だったことの方が記憶に残る人もいます。カウンセリングを受けにいらっしゃる人の多くは、嫌な記憶を払拭できずに苦しんでいる人です。

私がカウンセリングで留意しているのは、クライエントさんのお話が事実かどうかということではなくて、クライエントさんがどういう気持ちで記憶しているかということなのです。極端に言ってしまえば、たとえ事実でなくてもかまわないのです。**どういう気持ちで記憶しているかに丁寧に向き合うことで、問題の本質が見えてくるからです。**

距離を置いたら見えてくる両親の愛

私も自分の過去に対する受け止め方を変えて、生きづらさから解放されました。私の両親は、自立するために必要なことを子供に仕込んでおくのが、親の役目だと考えていたのです。小さい頃から「お水〜!」だけではなくて「お水をちょうだい」まで言わなければ、お水をもらえませんでしたし、「ありがとう」と言わないと、コップはさっと引っ込められてしまいました。両親のこういう根気強い躾のおかげで、恥をかかずにすんでいると感謝できるようになったのは、大人になってからのことで、私の記憶では、両親との生活は、窮屈で憂鬱な日々でした。

私は「勉強しなさい」とか、「女の子らしくしなさい」と言われることはありませんでしたが、小学生になってからは、夕方に帰宅したら掃除機と雑巾がけをすることを日課とされていました。「子供であっても、家族の一員としての義務がある」というのです。昔だったせいもありますが、腕時計なんて持たせてもらえず、道行く見知らぬ大人に「今何時ですか?」と聞いて、門限までに帰宅しなければなりませんでした。おかげで恥をかくことにも慣れました。

門限に遅れたら、5分につき1発サランラップの芯で、お尻を叩かれました。私は、「ごはんよ〜」とお母さんが公園に呼びに来る友達を、とても羨ましく思っていました。そのようなわけで、夕方になると襲われる何とも言えない憂鬱な気分は、大人になってからもしばらく消えませんでした。

しかし、長く続いた掃除の日課のおかげで、新卒で化粧品会社に勤めるようになったとき、他の新入社員のように掃除の仕方で叱られることはありませんでした。「時間厳守」も身についていました。仕事以外のときでも遅れてくる人に対して、ついイライラしてしまう私は、友人たちから「仕事じゃないんだから、そうカリカリしなさんな」と笑われて、損をしているなぁと思うこともありますが。子供の頃のつらさを思えば、たいていのことは我慢して頑張れる自分に気が付き、仕事や家事にも自信を持てるようになりました。ドライブに出かけて綺麗な夕陽を眺めたり、皆で飲みに出かけたりしているうちに、「夜も楽しいものだ」と思えるようにもなり、いつの間にか夕暮れ時の憂鬱な気分に襲われることもなくなりました。

私は実家を出てからは、つい最近まで、親と距離を保つように気を付けていました。親と一緒に過ごしていると、緊張してしまい、子供の頃からの見捨てられ不安や、抑圧されていた怒りの感情が蘇ってしまうからです。親しい友人からは、「いつまでも昔のことを引きずりなさんな」とか「親父さんの存在が大き過ぎるんだねぇ」となだめられましたが、私の不快感は収まりませんでした。つい最近も、年老いた父から、「おまえは全然役に立たなかったけれど、やっと役に立つようになったなぁ」と言われて、私は苦笑してしまいました。このように何気ない言葉の暴力を、私は子供の頃からずっと浴びていたのです。私は、父からのこのような言葉かけにすっかり慣れっこになっていて、言葉の暴力だなどと思うことはありませんでしたけれど、これでは愛されている自信など持てるはずもなかったわけです。

私が、60歳になり、「見捨てられ不安」について書いた著書を出版したとき、両親は、「おまえは陽気で面白い子だとばかり思っていたのに、こんなに暗い気持ちで過ごしていたなんてビックリだ」「あんなに愛情を注いで育てたのに、愛されていると思えなかったなんて」とショックを受けたようでした。もしもあなたも、家族に対する悲しい思いや怒りの感情を払拭できずにいるのなら、家族がどのようなつもりでいたのかを確認できる機会があるとよいですね。双方の受け止め方に誤解があったことがわかり、長年のわだかまりが解消されるかもしれません。

私は、何かにつけて「自立！　自立！」と言われていたことで、社会人になってすぐに家を飛び出してよかったと思います。自力で不快な環境から脱出して、心地よい環境を探しまわれるように鍛えてくれた両親に、心の底から感謝できるようにもなりました。そうなるまでに、30年以上かかりましたけれど。家を出てから、自分を認めてくれるような人との出会いに恵まれ、他者との信頼関係を築けるようになったことで、私は、両親流のやり方で私を愛してくれていたことに気づくこともできました。そして、過去の記憶も、両親との関係も、受け止める気持ちが変化して、見捨てられ不安を解消することができたのです。

人付き合いの楽しみ方

一方向から見ると大変だった嫌な出来事も、違う角度から見れば、意味を見出だせたり、愛を感じられたりもします。相手との考え方の違いを面白がれるくらいのスタンスでいられれば、傷つくこともなく、自分に無理を強いる必要もありませんし、楽しむことさえできます。

相手の意見を聞くというのは、自分の考えを曲げたり偽ったりして相手に合わせるということではありません。自分とは違ういろいろな考え方があることを知り、自分の可能性を広げるということです。そのような受け止め方ではなく、ただ我慢をしているだけでは、自覚がなくてもストレスが雪だるま式に大きくなっていきます。そして、いつか思わぬ形で大爆発を起こすことにもなりかねません。親子や夫婦のような親密な関係においてはなおさらです。

一見、人間関係が良好のように見えても、どちらかが一方的に我慢している状態が長引くと、加害者対被害者の関係に陥ることになります。しかも、追い詰められるのは被害者だけではありません。なんでも許してくれる相手（被害者）には、加害者は、ついわがままになりがちで、だんだん駄々っ子状態になってしまい、歯止めがきかなくなり、自己嫌悪で苦しむようになる場合もあるのです。優し過ぎるような対応は、相手の悪い面を引き出してしまいがちで、結果的には人間関係のバランスを崩すことにもなりかねません。

日本には「遠慮」という独特の習慣がありますが、実は「自分が良く思われたい」という自己中心的な考え方であって、「思いやり」の気持ちとは異なるのではないでしょうか。**人間関**

係に全く問題がない、むしろそつなくこなせているにもかかわらず、人付き合いを楽しめない、人疲れすると感じている人は、遠慮ばかりしているせいかもしれません。遠慮しない人に対して腹を立てることも多いでしょう。誰にでも嫌われたくない気持ちはありますし、遠慮していれば無難かもしれませんが、いつまでも親しくなれないばかりか、相手もなんとなく気疲れしてしまって、心地よい人間関係には発展しないものです。**親しくなりたい相手なら、相手の事情を考慮した上で、遠慮を捨てて、思い切って本音を伝えてみましょう。**それは決して自己中心的な発言にはなりません。親密な関係を築くために、必要な第一歩を踏み出す勇気なのです。

人間関係のバランスを保つためには、無理をしたり犠牲になったりすることなく、快くできる程度のことをしているくらいがちょうどいいようです。**自分が困っているときは遠慮することなく助けを借りる側になり、余裕があるときは無理をしない程度に人のためにできることをすればいいのではないかと思います。そうすれば人付き合いを楽しめるようになるはずです。**

誰もがみな「大きな輪の中で生かされている」と考えれば、変わらないはずの嫌な過去にも他人にも、自分を成長させてくれたプラス面もあることに気づくことができ、新たな人間関係に変えられる可能性も出てくるのではないでしょうか。

無駄に傷つかない

【相手の感情は相手のもの　事象だけに目を向ける　自然体で生きる】

相手の感情を想像するのは決して悪いことではありませんが、他人の複雑な感情の裏の裏まで想像していたらキリがありません。また、相手の感情であなたの心が傷つく必要もありません。

その人の感情はその人に任せて、自分はその人に具体的な言動面で迷惑をかけていないかどうかだけを考えるようにしていれば、人間関係が悪くなるような展開にはならないはずです。ところが相手の感情面まで考え過ぎると、かえってややこしくなり、裏目に出てしまうことも少なくありません。

たとえば交通事故に遭ってしまったときは、当事者同士で解決しようとすると「感情的になりやっかいな展開になってしまうだろうなぁ」と、双方ともわかっているから、保険会社に具体的な事象の検証だけを依頼して決着をつけることで、お互いに納得しようとします。このようにたいていのことは、事象だけに目を向けるようにすることで、「仕方がない」という納得を得られるようになります。納得すれば自然に負の感情は収まっていくものです。

感情は変化していく不確実なものです。相手の感情に振り回されながら、うまく対応しなければなどと思わずに、具体的な事象だけを見て、自分に誤りがあれば改める、それで相手の感情が収まらないように見えても、あなたが「やるべきことはやった」と感情面から目をそらしていると、不思議なくらい相手も徐々に「問題は解決されたのだから、まぁいいか」と感情を収めることができるようになります。負の感情から解放されれば、お互いの気持ちが楽になります。

負の感情は連鎖する

私たちには常に感情がつきまといます。感情だけは誰にも束縛することができない自由なものです。感情は物事の受け止め方次第で変わるものでもあります。同じ事象を前にしても、異なる受け止め方をするから、異なる感情を抱くようにもなるのです。みんながそれぞれに異なる受け止め方をして成立しているのがこの人間社会なら、あなたももっと自由に、自分が傷つかないような受け止め方をすればいいということなのではないでしょうか。

基本的に、あなたが傷つくことを、他人は望んではいません。世の中には意地悪な人もいますが、意地悪になるのは負の感情に囚われているからです。負の感情はとても苦しいものです。だから八つ当たりをしたり、爆発したりします。いつも負の感情に支配されているような人を救い出すのは至難の業ですし、そこまで求められているわけではありません。

相手の負の感情に直面したときは、相手の気持ちをコントロールしようと考えずに、事象だけに目を向けて、自分に誤りがあるなら直せばよいのです。そして「こんなに意地悪になるまで、傷ついてきた気の毒な人なんだなぁ」と思うようにしましょう。そうすればあなたまで負の感情に巻き込まれるようなことにはなりません。意地悪も穏やかな相手には敵いません。じきにあなたへの理不尽で意地悪な気持ちも失せてしまうでしょう。

ところが、**相手の負の感情をなんとかしようとすると、巻き込まれてしまい、そのうちにあ**

なたも「こんなに頑張っているのに」などと負の感情を抱くようになってしまいます。負の感情は連鎖しますから、あなたが負の感情を抱かないことが、人間関係を改善させる鍵になると考えて下さい。

負の感情は、自分を苦しめる感情です。**向上心もちょっと苦しいときがありますが、自分を成長させるために必要なもので、負の感情とは違います。**負の感情は不毛です。自分を傷つけない受け止め方をして負の感情に取りつかれないようにしましょう。

完璧な夫婦像を求めない

一人目の夫との生活で私は、家事はフィフティーフィフティーであるべきだと主張しながらも、「専業主婦に負けないくらい、家事をきちんとこなさなければ！」という一種の強迫観念に取りつかれていました。仕事と家事を完璧にこなしたくて「時間がない！」といつも焦っていた私は、彼が自分のペースより遅いことにイライラしてしまい、せっかく何かしてくれていても、ありがたく思うことができませんでした。彼は、几帳面で、何をするにも大雑把な私より丁寧で時間がかかりました。丁寧にやるから時間がかかる↓充分な時間がなければ着手できない↓やらない、ということだったのに、私は彼にはやる気が全くないのだと決めつけていました。

何も言わなくても家事を手伝ってもらえるのが理想ですが、夫は「やってよ」と頼めば文句を言わずにやってくれるのだから、「家事の負担は軽減される」と、事象面だけを受け止めていればよかったのです。ところが、私には彼の自発性が感じられず、満足するどころか「愛されていないのではないか?」と疑うようになってしまいました。完璧な夫婦像を求め過ぎるあまり、自分勝手に傷ついていたのです。私が夫に過度な期待をしたりせずに、もっと自分に都合の良い受け止め方をしていれば、「愛されていない」なんていう思いには至らずに、幸せに暮らせていたのではないかと思います。

また、私は自分のやり方が一番だと思い込んでいて、「やってよ」と言っておきながら、相手を信頼して任せることもできていませんでした。だから、感謝したり嬉しく思えることもなく、不信感やいら立ちのような負の感情に支配されてばかりいました。そして、普通の人なら傷ついたり、屈辱を感じたりするであろう激しい言葉まで、彼に浴びせるようになっていました。

ある日気が付いたのですが、私が彼に向かって怒っていることは、私が子供の頃に親から言われていたのと同じことばかりでした。「思いやりがない」「リアクションがない」「時間を無駄にする」など、毎回代わり映えのない内容だったのです。厳しく育てられると、人にも厳しくなってしまいがちのようです。暴力を受けて育った人が、自分も人に暴力を振るうようになるなど、自分がされたことを人にもしてしまう世代連鎖と同じです。もちろん、自分が嫌だったことは人にしないようにすることができる人もいます。けれども、私は当然のように彼に厳しく要求していたのです。

彼は私が怒り出すと余計に無口になってしまいました。無口になると言っても、ムッとして無言になるという感じではありませんでした。彼は私の罵詈雑言さえ、まるでスポンジのように吸収してしまい、決してはね返してくることがなかったので、口論になるようなことは一度もありませんでした。けれども私は、感情のコントロールを失ってしまい、彼に止めてもらいたいという思いで胸が張り裂けそうでした。運命の人に、自分の感情の全てを理解して受け止めてもらいたいと非常に強く願うのは、「共依存」特有の心理だということを、当時の私は知る由もありませんでした。

二人目の夫と暮らすようになった私は、前回の結婚生活から学び、相手に家事の分担を期待するようなことはなくなりました。期待していないと、嬉しいサプライズがたくさんあるものです。彼も若い頃から一人暮らしの経験が長く、私とは全く違う生活習慣を持っていました。彼が手抜きというかちょっとした工夫による、実に簡単でおいしい料理を作ってくれることもありました。それまでの私は冷凍食品やインスタント食品を使わずに、きちんと料理することばかり考えていましたが、自分のやり方が一番正しいという思い込みが薄れて、手を抜いてもおいしければよいと思えるようになり、気持ちも楽になりました。

二人目の夫は、たいへんな汚し屋さんでもありました。C型肝炎を患い、療養中だった彼は、食欲がないこともあり、喉越しが良く栄養価が高いアイスクリームをベッドに寝そべって食べては、スプーンとカップをそのままベッドの下に放置してしまったりするのです。また、チェーンスモーカーでもあり、くわえ煙草をしたまま、読書や日曜大工に夢中になるので、テーブルやカーペットが焼け焦げだらけになりました。私は「灰が落ちるー！」と灰皿を持って彼を追っかけまわしていましたが、私が仕事に出ている間はどうすることもできませんから諦めるしかありませんでした。

そこで、私は掃除の手を抜くことにしました。好きでもない掃除を一生懸命頑張っていたから、汚されると頭に来るわけです。掃除を頑張らないようになったら、汚されても腹が立たなくなりましたし、家事も楽になりました。自分の受け止め方を変えて無駄に傷つくことをやめたことで、楽な気持ちで暮らすことができるようになったのです。

傷つかない受け止め方

「自然体の人」というのは、自由奔放でわがままな人というより、サラリとした素敵な人というイメージはありませんか？　自然体で生きているような人たちの心は、怒りや猜疑心《さいぎしん》、見捨てられ不安などの負の感情とは無縁で、いつも穏やかだからでしょう。なぜ負の感情と無縁でいられるのかと考えてみると、自分の心が傷つかないような受け止め方が上手にできているからだと思われます。

褒められれば素直に喜び、戴けるものは喜んで戴く、欲しいものは我慢せずに欲しいと言ってみる、ダメだったら仕方ないと諦める、叱られたら「まだ自分に期待されている」と思う、せっかく活けた花がすぐに枯れてしまっても、儚い命だからこそ美しく見えるんだと思い、雨の日にはこれも自然の恵みだと感謝できる、そんなふうに受け止められるなら、傷ついたり嘆いたりすることはないでしょう。

生きていれば様々な人と関わらなければなりませんし、いろいろな場面にぶち当たります。同じ人や場面を前にしても、私たちの受け止め方は実に多様です。**コップの水が「もう半分しか残っていない」と思うか「まだ半分も残っている」と思うかの違いです。**

私たちは自分が生きていくことだけで精一杯ですから、基本的には他人がどう受け止めているかに対しては、意外に無頓着なもので、意識的に傷つけようとさえしなければ、人間関係が悪くなるようなことはないはずなのです。ですから、自分が傷つかないような受け止め方を追求しても、わがままだと思われることはなく、そのくらいの方が、無理がなくて自然でちょうどよいのかもしれません。

物事の受け止め方次第で、感情は驚くほどあっさり変化します。しかし、感情の動物といわれる私たちの感情は単純ではありません。無意識の部分もありますし、葛藤があったり、矛盾していたりもするものです。そのように複雑な感情があるからこそ、人間は他の動物より個性豊かで面白味があるのかもしれません。

「まず自分」でいいんです！

【いつも良い人じゃなくていい　共依存をシーソーに変える
自分の軸を書き出す】

子供の頃に親から「我慢しなさい」「人のために頑張らなければならない」と言われて育った良い子は、大人になってからも「良い人」でいるために、無意識に無理をし続けます。「まず自分」とか「自分のために生きる」ことに、罪の意識を感じる人は、「依存症」になりやすいタイプかもしれません。そのような人は、**まず自分を大切に生きることが依存症の回復あるいは回避への道となります。**依存の対象は様々で、たとえば、アルコール、買い物、ネット、ゲーム、ギャンブル、寂しさを紛らわせるためだけの肉体関係を繰り返す恋愛依存症などがあります。

「依存症」になりやすい人に共通している生き方の癖があります。おそらく依存症の人たちのほとんどが、常に「完璧な人」であろうと頑張り続ける↓　ストレスに耐えきれなくなる↓　何かに依存することで紛らわせようとする↓　コントロール不能になる↓　人生がままならなくなる

という状態に陥っています。健康的な人生を取り戻すには、自分を苦しめている「生き方の癖」に気づき、修正することが必要です。もちろん簡単なことではありません。私たちは、様々な場面で一番良かれと思う対応をしながら生きているのですから、それが間違っていたなんて認めたくない気持ちは当然です。しかし、それがどうしても修正の邪魔になります。**いつも良い人じゃなくてもいい、完璧じゃなくてもいい、他者の気持ちではなく自分の本音を優先させるときもあってもいいと意識することから始めましょう。それだけでも充分！　生き方は変わります。**

依存症は、精神疾患

私たちは、脳の神経伝達物質のドーパミンが放出されることで、快感を覚えます。スポーツ、音楽、ギャンブル、買い物など様々な場面でドーパミンが分泌され、ストレス発散することができるのです。ほどほどであれば、健康的に人生を楽しむために不可欠な要素となります。ところが、ある人たちの脳は、**特定の物質（お酒など）や行為に対して過剰反応してドーパミンの放出に異常が生じ、「もっともっと!!」と執着するようになってしまいます。そのため、やめたいと思うようになってもやめられなくなります。これが「依存症」という精神疾患です。**最初はちょっとしたストレス発散のつもりが、どんどんエスカレートするせいで、仕事や人間関係までもがままならなくなり、最後には家族からも見放され、生活や人生そのものが破綻してしまうことにもなりかねない恐ろしい病気なのです。

ところで、「心」は私たちのどこに存在すると思いますか？　たいていの人は心臓の辺りを押さえると思いますが、実際は脳の機能の一つです。脳だって他の臓器と同じように患う可能性があるのです。精神疾患だけが特殊な病のように思われがちですが、早期発見・早期治療が早期回復に繋がる点においても、他の病気と変わりはありません。ただし精神疾患は、レントゲンやMRIなどの画像や血液検査などの数値でハッキリととらえることができません。医療技術の進歩で、うつ病などはサーモグラフィにより可視化できるようになりましたが、「依存症」は可視化できませんし、薬で治療することができないという点で、やっかいな病気ではあります。

特定の人に執着する「共依存」

「共依存」は、特定の人（家族や恋人、友人など）に異常なまでに執着して、感情のコントロールが利かなくなり、適度な人間関係を保つことができなくなってしまう「依存症」の一つです。「共依存」タイプの人は、人のために自分が犠牲にならなければならない、あるいは逆に自分の思いどおりにコントロールしなければならないと思い込む傾向があり、もの凄いパワーを発揮しますが、たいてい思うような結果が得られず、いつしか自滅してしまいます。**共依存タイプの人には、「見捨てられ不安」がとても強い傾向が見られます。**親との愛着関係を持てずに成長したため、人間不信になりがちで、大人になってからも「見捨てられ不安」に怯えて生きているのです。人に嫌われないように常に気を遣っていたり、重要他者であるパートナーや子供の言いなりになったり、逆に相手の全てを掌握してコントロールしようとするなど、強い執着心を持つようになります。そして、自分の全てを理解してもらいたいと願ったり、相手にとって自分が不可欠な存在でなければと、異常なほど頑張って良い人を演じたり、逆に悪態をつくような形で相手の関心を引きつけたりするなどの不健全な人間関係を構築していきます。**他者との適度な心の距離感がわからないため、親しくなればなるほど「見捨てられ不安」が大きくなり、問題行動を起こすようになるのが特徴です。**

過干渉の親と、親の価値観から抜け出すことができない子供の「母子カプセル」、そして「DV（ドメスティック・バイオレンス）」なども、共依存特有の人間関係です。DVは被害者が、どんなに傷つけられても加害者から離れようとしないのが特徴です。加害者は暴力を振るった後に、別人のように優しく振る舞うなど、飴と鞭を駆使する術に長けているために、被害者の心を捕らえて放さないのです。DV関係に陥っている二人は、加害者と被害者でありながら、独特の強烈な刺激を共有しているため、危機感を察知した周囲の人が介入して別れさせようとしても、なかなか決別することができません。

私たち人間は群れる動物ですから、心地よい人間関係の中で幸せを感じるために生きていると言っても過言ではありません。誰でもある程度の共依存性を持っています。でなければ、恋愛も結婚も成立しないでしょう。けれども自分でコントロールが利かないほどになってしまうと、とても苦しい精神状態になります。**バランスのとれた心地よい人間関係は、誰かの自己犠牲によって成り立つものではない**からです。

イネーブラー

私が自分は「共依存」だと気づいたのは、二度も結婚に失敗した後でした。どちらの夫とも深く愛し合って結婚したはずでした。けれども、私は、いつもどこか寂しさを感じていました。楽しく暮らしているのになぜだろうと不思議でしたが、私を苦しめていた寂しさの原因は、私の心の中にある共依存性だったのだと思います。当時の私は、頼もしい夫を妻が支えるような夫婦であるべきだと思い込んで、仕事がどんなに忙しくても家事を頑張らなくてはと必死でした。これは**「ウェンディー・ジレンマ」**と称されているもので、共依存タイプの女性にありがちな価値観です。けれども一生懸命になればなるほど、私の苛立ちは募るようになりました。私は、自分の頑張りをもっと認めてもらいたい、得体の知れない不安やさみしさを吹き消してもらいたいという思いに支配され、夫の気持ちを思いやる余裕を失っていったのです。

会社の上司に「ボーナスの使い道は？」と聞かれて、「夫に新しいバイクを買ってあげようと思っています」と答えたら、「自分のために生きなきゃダメよ」と言われたこともありました。そのときの私は、「余計なお世話だなぁ」と思いましたが、今思えばその上司は、私の「共依存」性を見抜いていたのでしょう。私は、夫に尽くす妻を一生懸命に演じていたのです。

やがて夫は「アメリカで生きていきたい」という夢を叶えるために単身で渡米してしまいました。夫は、もしも強制送還されてしまった場合に備えて、戻れる場所を、日本に残っている私がずっと守り続けていることを期待してくれていたのでしょう。けれども私は、夫に尽くす生活に生き甲斐を感じていたので、離れて暮らすのでは意味がないと思い、「自分を必要としてくれる人のために生きていきたいから」と彼に伝えて離婚しました。結婚13年目のことでした。

離婚後に同居するようになった恋人（二人目の夫）がC型肝炎の療養中だったときも、彼が私に気兼ねなくお小遣いを使えるようにと思い、銀行の通帳とカードを彼に預けていました。そうすれば彼も私の経済状況が自然に把握できるだろうと考え、「同じ屋根の下で暮らす運命共同体として信頼していますよ」という意思表示のつもりもあったのです。ところがある日、そのことを彼のお母さんに話したら、「そんなことしちゃダメよ」と言われてしまいました。なぜそんなことを言われるのだろうと思いましたが、その数年後に、これが「イネーブラー」（相手に尽くし過ぎて相手の依存性を引き出し、ダメにしてしまう支え手）の典型的な行動だと知り、なんて愚かなことをしていたのだろうと後悔することになりました。

療養を終えた彼が、頑張っていたはずのアルバイトに行かなくなったために、毎月の車のローンも、結局は私が払い続けることになってしまったこともありました。「約束が違うじゃない！」と文句を言いながらも、彼が無職になってから組んだローンは私の名義になっていたので、私が払わなくてはならなかったのです。以前にも、一人目の夫にプレゼントされたダイヤの指輪のローンを、後半は自分が払っていたことがありました。パートナーが買った高額商品のローンを支払わなければならなくなるパターンを繰り返す私は、典型的なイネーブラーだったのです。

たとえば、アルコール依存症の夫に対して、「お酒はやめて」と言いながらも、借金の肩代わりをしたり、欠勤の電話を代わりにしてあげたり、酔って壊した物を本人に代わって片付けてあげたりなど、結局は夫がお酒を飲み続けることができる環境を維持しているような人をイネーブラーと言うのです。二人の元夫は、アルコール依存症ではありませんでしたが、私は心ならずも彼らの依存性を支えていたイネーブラーだったのです。

自分の軸を持つ

私たちは、独りでは「人間らしい幸せ」を感じることはできません。お互いに認め合い、助け合って生きることが、究極の「人間らしい幸せ」だからでしょう。

誰でも窮地に立たされることがあります。そんなとき、周囲の人にちょっとでも助けられると、元気が湧いてきて、ピンチから脱出することができますよね。あなたが助けてあげる側の人になるためには、余裕（余力）が必要です。いざというときに力を発揮できる余裕を保つために「いつも良い人でいなければ」「人のために頑張らなくては」「周囲からの期待に応えなくては」などという完璧主義の考え方はやめて、自分に無理をし過ぎないようにしましょう。

お互いが助け合えるような余裕を保つためには「まず自分」が健やかでいるという意識が必要です。快適な人間関係を保てる人は、「まず自分」を考えることができる人なのです。あなた自身が幸せでなければ、あなたを大切に思う人も幸せな気持ちになれません。

自分のことも大事にするということに加えて、「自分の軸を持つ」ということも大切です。自分の軸というのは、これなら得意だと思える自信や、これだけは譲れないという価値観です。つまり自分らしさに自信を持って、自分の価値観で自分らしく生きるということです。つい軸がぶれて不安になってしまいやすいようでしたら、無理せずに自分らしさや余裕を維持するために必要だと思われることを、メモしておくのもよいかもしれません。たとえば、「自分の仕事が終わったらさっさと帰る」とか「乗り気になれない付き合いには参加しない」など、**文字にしていつでも確かめられるというのは、意識の持続に効果があります。**

見返りは求めない

【怒りが湧くならやめる　無理をしない　お互い様】

人によくしてあげることは、自分にとっても良いことです。人から感謝されれば、自分の存在価値を確認することができますし、生き甲斐になる場合もあります。

けれども、もしもあなたが、**「してあげてばっかり」と怒りを感じるようでしたら、それは「やり過ぎ」かもしれません。何をどのくらいしているか？　よりも、あなたがどのような気持ちでしているのか？　が肝心です。**

相手に対する思いやりから自然に湧き出たような行動であれば、相手がもしも感謝してくれなくても、あまり気にはなりません。もちろん感謝されれば嬉しいですけれど、相手の反応を期待しての行動ではありませんから、どのような反応が返ってきても、気になりません。

「こんなに頑張っているのに」と怒りが湧いてくるようであれば、相手からは「そんなこと頼んでいないのに」と恩着せがましく思われてしまいかねません。人間関係を良くしたいと考えての行動なら、不愉快な展開にならないように、**相手のニーズとこちらの手加減を考える必要があります。手加減と出し惜しみは違います。手を抜いたらいけないと考えがちですが、思いっ切り何かをするのではなく、相手のニーズに合わせて加減する方が難しい、それが思いやりだと思うのです。**一方的な全力投球の優しさは、ともすれば自己満足になりがちです。

たとえば、お母さんが家族のごはんを作るたびに、いちいち家族の反応を期待したりはしていないと思うのです。もちろん、「おいしい」と言ってもらえれば嬉しいですが、何も言われなくても「ま、いいか」と思いながら、毎日料理をしているはずです。

でも、いつもより手間暇かけて頑張って料理したようなときに、家族が全く反応してくれなかったら、がっかりするでしょう。そこでお母さんが「こんなに頑張って料理したのにー!」と怒り出したら、家族は困ってしまいます。取ってつけたように「おいしいよ」と言うかもしれませんが、内心では「手の込んだ料理なんて作らなくていいから、怒らないでもらいたい」

と思ったりしそうです。食いしん坊の家族なら、「おいしい！」と価値を感じてくれるでしょうけれど、食べることにあまり関心のない家族は、どんなに手の込んだ料理を出しても価値を感じることはできません。「猫に小判」と言われるように、価値を感じることができない相手に、価値を認めさせようといくら頑張っても徒労に終わるだけなのではないかと思います。それどころか、人間関係に悪影響を及ぼしかねません。

私はプレゼントを探すときにいつも思うのですが、他人のニーズを考えるのは、難しいものです。もしも相手から期待していたような反応が返ってこなくても、「ストライクゾーンを外してしまったなぁ」と苦笑できるくらいの心の余裕が必要です。奮発し過ぎてしまっては笑えません。相手のことを想いながら探す手間こそが、プレゼントだと思うのです。

もしもさほど気に入ってもらえなかったとしても、あなたの気持ちだけでも喜んでもらえたら、あなたも嬉しくなるでしょう。しかし、もしも相手にとって、あなたの気持ち（相手の反応に対する期待）が重すぎたら、お互いにハッピーのバランスは成立しません。

思いやりは相手の感情に寄り添うもの

勘違いしやすいのは、思いやりの心です。思いやりの心は負の感情ではありませんし、自分の心に余裕があるときに自然に湧き出てくる優しい気持ちです。**もしも思いやりのつもりなのに、負の感情が湧くようならば、実は相手のためではなく、何らかの見返りを求める気持ちがあるはずです。**自然に出てくる優しい思いやりの心とは違っていて、無理をしているから、「こんなにしてあげたのに」という負の感情が湧いてきてしまうのです。

私たちはお釈迦様ではありませんから、頑張れば期待が生じます。それはごく自然なことで、悪いことではありません。しかし、**思いやりというのは、頑張って無理をして捻出するものではないのです。自分に余裕のあるときに、無理のない程度のことをしていれば、相手に思いやりの心として伝わって、お互いにちょっと幸せな気分になれます。**

私も「こんなに頑張っているのに」と腹が立ってしまうことがあります。そんなときは負の感情に囚われていてとても苦しいので、自分が無理をしてやり過ぎていることを自覚するようにしています。すると、相手にそこまで期待されているわけではないことに気が付いたりして、苦しい気持ちからふっと解放されます。

私たちは親密な人間関係の中で安心や幸せを感じることができます。親密な人間関係には、お互いの良好な気持ちが必要です。ですから、相手の気持ちを無視していては親密な人間関係を築くことはできません。相手の置かれている状況や気持ちに目を向けるような思いやりの心が必要になります。親子や夫婦でも同じことが言えます。ありがちな**「相手のためになる」という思い込みによる言動は、思いやりとは違います。**たとえ親子であっても、実は子供の感情を無視して、何らかの見返りを期待している心でしかないのです。「勉強しなさい」という言葉かけ一つでも、子供がどのような気持ちで受け止めるかまでを考えるのは、とても面倒なことですが、それも親の愛情なのではないでしょうか。

期待と希望は違う

「期待」と「希望」は違います。「期待」とは相手に向けられるものなので裏切られる可能性が高く、「希望」は未来に向けられるものなので、裏切られることはありません。「希望」は自分に都合の良い受け止め方でもありますし、自分を向上させてくれるものでもあるのです。

私は二度も離婚してしまいましたが、二人の夫を最後まで自分なりにとても愛していたとも思っています。けれども、結局は爆発してしまうようなやせ我慢をしたり、無理して頑張ったり、夫のためと思えば思うほど、「私はあなたのためにこんなに頑張っているのに！」「私への愛情が足りない！」という負の感情に支配されるようになってしまいました。

二人ともとても優しい夫でした。考えてみれば、彼らは私に何も期待していませんでした。ところが私は、夫の愛情を確信することで、子供の頃から引きずっていた「見捨てられ不安」から解放されて、心底安心したいという期待をしていたのです。

相手のためと思い込みながら、実は見返りを期待して勝手に頑張り、そして一方的に「してあげてばっかり！」と怒っていたのです。自分のことばかり考えていたら、幸せになんてなれません。幸せというのは相手からもらうものではなく、自分の心の有り様なんですね。

お互い様

一方的な愛情表現や優しさの押し売りにならないように、シーソーのように持ちつ持たれつ、「お互い様」の気持ちを保てるようになると、人間関係に安心感が生まれます。すると「見捨てられ不安」や「人間不信」などの生きづらさから解放されるようになるのです。

一方的に尽くし過ぎると、いつの間にか期待過剰になり、自分も傷つくことになります。また、「良くしてもらいっぱなし」というのは、案外、精神衛生上よろしくないらしく、だんだんと感謝とは逆の気持ちになっていくこともあるようです。例えば、「健気に尽くす妻や母親と、感謝するどころか暴れまくる夫や子供」というようなバランスの悪い人間関係は、両者のエゴが浮き彫りになった状態なのではないでしょうか。

やろうと思えばできることをやらないでいるというのは、なんだかいけないことのように思われがちですが、見返りがなくても恨みがましい気持ちにならない程度の優しさに留めておくことが、人間関係のバランスを保つには必要なのだろうと思います。

私の場合も、「お互い様」のバランス感覚の悪さが、二度の離婚の原因だったような気がします。

愛情を受け取る

【親からの愛を知る　親の愛に固執しない　あるがままに受け止める】

なければ生きていけない存在なのに、ふだんはほとんど実感することがない、空気のように何とも不思議なもの、それが「愛情」です。信じなければ実感することができない、けれども信じれば実感できる、「愛情」とはとても不確実なものです。不確実なようで私たちが人間らしく幸せに生きるために、なくてはならない存在でもあります。

人と愛し合うためには、まずは信じ合えるようになる必要があります。生まれて最初に出会う他者である親からの愛情をしっかり受け止めることができていれば、「自分を愛してくれる人がいる」と当たり前のように信じることができるようになります。そういう人たちは、ごく自然に他人を信じたり、「愛情」を求めたりすることができるのです。

だからといって、親からの愛情に固執する必要はありません。心のジグソーパズルのような愛情のピースは、親以外の様々な人たちとの出会いによっても埋めていくことはできるのです。親からの愛情が抜けているというのは、まるで、パズルの中央のピースが埋まっていないような感じになりますが、多くの場合は、周囲が埋まってくるにつれ、求めていた愛情の形とは違っていたけれど、両親も自分にたくさんの愛情を投げかけてくれていたのだと思えるようになるときが来ると思います。**今からでも自分の意識を変えることで親からの愛を、受け取れる可能性があるということなのです。**

たとえば、親が自分にしてくれたことを一つひとつ思い浮かべてみてください。毎日の食事、洗濯、お弁当、送迎……そんなの親なら当たり前でしょ！　と思っていたようなことでも、愛情がなければできないことではないでしょうか。親に対しての嫌な思い出や不満は、ひとまず置いておき、一つひとつの「してくれた」事実を思い出してみましょう。思い出せない人は、昔のアルバムを紐解いてみるのもよいかもしれません。行事、旅行、レジャーなどの笑顔の家族写真があるのであれば、それは、愛情を注がれていたひとときもあったという証でもあるのではないでしょうか。**できる限り自分に都合良く受け取るように過去を思い返してみると、愛情を受け取ることができてきます。この意識改革は自己肯定感を上げることにも役立ちます。**

また、親元を離れ、一人暮らしを始めたことで、親がしてくれていたことに気づけたという話もよく聞きますね。**距離を置くことで見えてくる愛情もある**のです。

愛情表現が下手な人もいるわけで、もしかしたらあなたの親もそうだったのかもしれません。あなたが期待していた親の愛情表現と違っただけで、愛情が全くなかったわけではないのではありませんか？　愛情を受け取ることができると、それに対する感謝の気持ちも湧いてくるものです。その気持ちを伝えてみるのもよいかもしれません。そのために母の日や父の日があるのではないですか！　感謝を伝えられると、人は心を開くものです。なぜなら誰でも感謝されたら嬉しいからです。

時には、思い切って甘えてみるのも功を奏すことがあります。自分は愛されていないという思い込みを捨てて頼ってみると、予想外に親の愛情を実感することができたりするものです。

私も40歳を過ぎてから、肩ひじを張らずに思い切って甘えられるようになりました。「おまえは幾つになったんだ?」などと言いながらも、両親も嬉しそうに見えます。

恋愛という愛情

「親子愛」を確信できていない人は、他者を信頼することに勇気がいるかもしれませんが、**幸せになりたいなら、あなたを取り巻く愛情を否定したりしないで、あるがままに受け止めるようにしましょう。**「愛情」というのは、「親子愛」だけではありません。「夫婦愛」「恋愛」「友情」など一人の人に複数存在しているものです。

友情を深めるにしても、恋愛をするにしても、信頼関係が大前提となります。人を信じることが全くできなければ、恋愛も友情も成立しません。信頼関係は誰とでも育めるものではありませんが、私たちが一生の間に知り合う人の数を考えれば、信頼できる人との出会いがきっとあるはずです。その確率はあなたが「誰からも相手にされない特異な人」である確率よりもずっと高いでしょう。

「恋愛」は「夫婦愛」に変わることもありますし、「友情」に変わる場合もあります。「友情」が「恋愛」に変わることもあります。つまり「親子愛」以外は、断定できない愛情なのです。もちろん、「親子愛」も含めて、「愛情」は、優劣をつけられるものでもありません。

いろいろある愛情の中でも「恋愛」というのは、ちょっと独特ですよね。「恋愛」以外の愛情は、普段はほとんど意識されることがありませんが、「恋愛」ははっきり意識できる愛情です。それなのに、一番不確実な愛情かもしれません。恋愛には魔法のような力があります。平凡な日々を突然トキメキで輝かせてくれて、つまらなかった仕事にもハリが出たり、綺麗になったと褒められたり、うっとりするような幸せを実感させてくれたりします。たとえ「愛している」と言われなくても「愛されている」と確信できたら、こんなに幸せなことはありませんね。しかし、この愛情は永遠に続くと信じていても、突き落とされるようなこともありがちです。まるでジェットコースターのような恋愛は、私たちの心を鍛えて、成長させてもくれます。失恋はこの世の終わりのような、死にたくなるほどつらい経験にもなりますが、自分のあらゆる面における可能性を引き出してくれるから恋愛は、たくさん経験したらいいと思います。

40代になってからやっと気づいた親の愛

私は「親子だからといって特別なことなんて何もない」と親から言われ続けていましたし、「愛しているよ」と言われた記憶もありませんでしたので、我が家には「親子愛」というものは存在しないと思い込んでいました。私の中では、キスやハグの行為と愛情は繋がっていなかったのです。「言葉で伝えなければ、心は伝わらない」とかなり徹底的に教え込まれてもいたので、「愛している」とハッキリ言われなければ、愛情を確信することができなかったのかもしれません。

日々不機嫌そうな母が自分を愛していただなんて、想像もできませんでした。父は仕事で忙しく、一緒に過ごす時間が短い分、叱られる機会も母より少なかったですし、父の子供っぽいキャラのせいもあり、優等生タイプの母よりも親近感を感じることはできました。けれども父は、私が大罪を犯したことを母から報告されたりすると、私を徹底的に懲らしめる役割も担っていたので、油断はできませんでしたし、愛情を感じることもできませんでした。

私は短大を卒業すると同時に家を出て、高校時代から付き合っていた彼と同棲を始め、3年後の23歳のときに入籍しました。彼は、私が初めて愛情を感じられた人でした。ところが、一緒に暮らしているうちに、愛情が感じられなくなってしまいました。

夫は、家事や車での送迎、誕生日のプレゼントなど、求めれば何でもしてくれましたが、私は、要求してからしてもらってもちっとも嬉しくありませんでしたし、それでは「愛が足りない！」と思うようになってしまったのです。

私は、「愛している」という言葉さえも、「愛情」のバロメーターにはならない、「思いやり」こそが「愛情」だと考えるようになっていきました。

私は子供の頃から、「思いやりがない」とよく叱られていました。何度叱られても私にはどうしたらよいのか、わかりませんでした。相手の状態の少し先を想像して、自発的に手助けするのが「思いやり」だと教えたかったのでしょうけれど、子供にとってはこれはかなり高いレベルの要求だったと思うのです。同行者の荷物を持つ、ドアを開けたら人を先に通す、など具体的に指示されればできましたが、しょっちゅう他のことに気を取られていたり、ボーッとしていたものだから、親は「思いやりがない子」だと思ったのでしょう。

大人になった今でも、自分に「思いやり」があるかどうか自信がありません。そんな自分を棚に上げて、私は夫に「思いやり」を要求していたのです。「愛情」を実感したかったからです。

夫は子供の頃の私と同じように、どうしたらよいのかがわからなかっただけなのかもしれません。私のように「思いやり」について具体的に躾けられたことがなかったのかもしれませんし、気が利かない人だっただけなのかもしれないのに、「思いやりがない」＝「愛情がない」と、私は思うようになってしまいました。離婚した後に、親友から「愛されていたと思うよ」と言われて、「愛されている」と実感したいあまりに、私は「愛情」を見失っていたことに気が付きました。人の愛情の形は様々だから、自分の物差しでばかり測っていたら、愛されているという確信を持てなくなってしまうということかもしれません。

愛し合いたいのなら、相手に要求してばかりではダメなんだと学んだ私は、二人目の夫にはかなり心を砕いて尽くしたつもりでした。それでも、私が相手の複雑な心情をちっとも理解できていなかったために、心ならずも「夫婦愛」は破滅へと向かってしまいました。

精神的な問題だけでなく、経済的にも破綻してしまった私は、住み慣れたマンションの家賃も払えなくなるような事態にまで陥り、茫然自失となりました。実家を出てから、親を頼ることなど一度もなく、精神的にも経済的にも自立して、手堅く生きてきたはずだったのに、それがガラガラと音を立てて崩れてしまったのです。


私は、生まれて初めて途方に暮れてしまい、泣きながら母に電話をしました。助けて欲しいと思ったわけではなく、しっかり者の母に窮地を打ち明けてみたかっただけでした。ところが、母から「帰っていらっしゃい」と言われて自分の耳を疑いました。実家が出戻り娘を受け入れるという話はよく耳にしていましたが、私は、「ウチに限ってはありえない」と思い込んでいたからです。そう思い込んでいながら母に電話をした自分も「ありえない」でしたけれど。

出戻り娘の私に、父も「娘なんだから、いざというときは助ける」と言ってくれました。その一言で私は初めて、親の愛情を実感することができたのです。

両親は「親に甘えずに自立しなければ」ということはしっかり叩き込んでくれていましたが、

「親の愛情はセーフティネットだ」ということまでは、伝えてくれていませんでした。私が両親の予想より早く家を出てしまったために、基礎編の先の応用編までは教えられずにいたことが、出戻りしてからだんだんわかるようになりました。

最近は年老いた両親と食事をする機会も増えました。何気ない昔話の中で「おまえは面白い子だったよ」とか「可愛かったわよ」などと言われることもあり、もっと早くそのような言葉を聞かせてくれたらよかったのになぁと苦笑しています。親からの愛情がなかったのではなくて、上手に受け止めることができていなかったのだと、やっと理解することができるようになりました。そうしたらホッとして、なんだか肩の力が抜けたような気がします。無我夢中で頑張るだけだった自分の愚かさが、滑稽にさえ思えてきました。

自己肯定感や成功体験が増える

幼い頃から感じている「親子愛」は他の「愛情」よりも確信しやすいものです。幼い頃は考えるというよりも感じながら生きています。だから無心に愛情を感じることができるわけですが、成長するに従い頭で考えるようになり、疑うことも覚えます。疑うようになってから他者を信頼するというのは、勇気がいることです。もしもあなたが親からの愛情を感じることができずに育ったのであれば、親の言動を検証し直してみて下さい。子供の頃には感じることができなかった親からの愛情をとらえ直すことができるのは、「頭で考えてしまう大人」になったからなせる技です。

世の中には、根は悪い人ではないのだけれど、口調がきつい人、気が短い人、天邪鬼な人っていますよね。愛情を感じさせてくれなかった親も、単純にそのような人だっただけなのかもしれません。下手だな〜、不器用だな〜！　と思えばほほえましく感じられてきませんか。何事も自分に都合良くとらえなくては損です。

物事をどう受け止めるかで人生は決まると言っても過言ではありません。愛情を素直に受け止め、信頼関係を構築することで、あなたの気持ちももっと楽になるのではないでしょうか。**愛情や信頼関係は、心配や不安、恐れを減らしてくれます。そうするとおのずと自己肯定感や成功体験も増えていくものです。**物事を受け止める際の自虐的な癖があるようなら、ちょっと修正してみませんか。

子供の気持ちになって向き合う

【子供の力量に合わせる　褒める
子供がいる意味を考える】

あなたが今、親の立場の場合、**子供が親からの愛情を、どのような気持ちで受け止めているかを意識しながら、子供の力量に合わせたキャッチボール**ができていますか。**親が子供をどんなに愛していても、子供心を無視していては、子供に愛情も安心感も伝わりません。**子供は、自分の感情を言葉で表現することが難しいので、黙っていることが多いのです。そのため、親は勝手に子供が納得していると思い込んでしまいがちです。子供だってダメ出しされれば悲しいし、あたたかい気持ちで接してもらえれば、あたたかい気持ちにもなります。大人同士以上に、子どもの気持ちも考えて接していれば、心地よい親子関係を育むことができます。

自分の親を反面教師にして、上手な愛情表現を心がけている人もいるでしょう。そんな人でも、ふとしたときに、嫌だった親にそっくりな言動をしている自分に気づいてぞっとしてしまう瞬間もあるのではないでしょうか。親子関係は無意識に世代連鎖するので注意が必要です。

私たちの心の中には、他の誰よりも親に認められたいという気持ちがあるものです。親子関係が良好な人は、成人してからも自分らしくのびのびと生きていくことができます。しかし、子供のことを思うがあまり、厳しく接してばかりいると、緊張感を与え過ぎて「見捨てられ不安」まで与えるようになります。親からの見捨てられ不安は、大人になって親から離れても、その後出会う重要他者からの見捨てられ不安に変わり、自己評価の低さがなかなか払拭できないまま、生きづらさを抱えて生きることになります。**日ごろから、極力褒めるように意識していれば、ときどき叱ることがあっても、子供はすんなり理解し、納得しやすくなるものです。**納得できていれば、見捨てられ不安を感じることもありません。

小さな子供も、個性豊かな一人の人間ですから、親子であっても、相性が良いとは限りません。相性が悪くても取り替えることができないのが親子関係の難しさでもあります。「親子なんだからわかるはず」という固定観念に縛られていると、傷つけ合うことになってしまいます。親子でも他人と同様に違って当たり前、自分とは全く違う個性の人間であることが理解できていれば、自然に子供心を尊重した接し方になるのではないでしょうか。言うことを聞かせよう、支配しようと躍起になってはいけません。いくら言っても聞かない！　と思うことがある場合は、その子にとっては必要性が感じられないことだから納得がいかないのかもしれません。納得がいかなければ全く取り組むことができないタイプの子供もいるのです。そういうタイプの子供は、興味を持てることに対しては、人一倍頑張ったり、才能を発揮したりします。そのように理解していれば、ダメな子のレッテルを貼らずにすむでしょう。

親子の愛着関係

子育てはどんな仕事よりも難しい大事業だと思います。24時間見守り、世話をしないと死んでしまうような乳児期から、自分の意志で行動できるようになって危険で目が離せない幼児期、家庭をホームベースにしながら、学校という人間社会に慣れていく学童期、親や社会に反発を感じて悩む思春期、たとえ同居が続いているとしても、精神的に親の傘下から自分の世界へと巣立っていく成年期へと、目まぐるしく成長していく一人の人間を、一人前になるまで育てるには、親がある程度成熟していなければ大変ですよねぇ。しかし、どのようなことも、経験してみないことにはわかりませんから、育児は「育自」と言われるように、実際は子育てをしながら、親も経験を積み、成熟を目指していくのだと考えれば肩の力が抜けるのではないでしょうか。

親との愛着関係を確信できた子供は安心して外の世界に向かって成長していくことができます。乳幼児期に母親（もしくはそれに代わる大人）からの充分な愛情を獲得し損ねることを、愛着障害といいます。愛着障害と言われるほどではなくても、親からの愛情不足を感じている子供は、実に9割を占めているというアンケート結果もあります。ほとんどの子供が、親からの愛情に満足していないということになりますが、そのうちの大半は、子供側が求めている愛情の形（あり方）と、親が一生懸命投げかけている愛情の形に違いがあるのではないかと考えられます。**どんなに愛情をかけて育てても、親子関係は難しいもので、なかなか理想どおりにはならない**ということです。しかし、子供が成人してからは、親の愛情不足を訴える割合はぐんと減ります。それは、満足のいく愛情の形ではなかったとしても、根本的な愛情はきちんと受け取ることができていて、「自分は親から愛されて育った」と当然のように信じられるようになっているからでしょう。つまり、**たとえ、理想どおりの親子関係になれなくても、多少のすれ違いがあっても、根底の信頼関係が築かれて、子供が漠然とでも親の愛情を信じられてい**

れば、健やかに育つということです。それがわかっていると、子育てへの気負いも少しは減るのではないでしょうか。気持ちに余裕を持って子供と接することは、愛着関係を育む上で大切なことです。

相手の立場で話を聞く

カウンセリングには、「子供の気持ちがわからない」と悩まれているクライエントさんもお見えになります。私は子育てを経験したことがないのですが、子供の気持ちの代弁はできるようで、「なんでわかるんですか!?」と親御さんにびっくりされることがあります。親御さんにも子供だった経験はあるはずなのですが、子供の頃の気持ちを忘れてしまっているようなのです。

ある進学校でPTA対象の講演を依頼されたときに、まず初めに「子供の頃に勉強が好きだった方は手を挙げて下さい」とお願いしてみたところ、一人もいらっしゃらなくて、みなさんと一緒に笑ってしまいました。教師になると生徒の気持ちを、上司になると部下の気持ちを忘れてしまうように、親になると子供の気持ちを忘れてしまいがちのようです。**立場の違う人**

にも好感を持たれる人は、自分が逆の立場だったときの気持ちを忘れないようにしているのだろうと思われます。特に無力な子供時代は、与えられた環境に適応して生きていくしかありません。その中に、**同じような感性や価値観でなくても、ちゃんと気持ちを聞いて理解してくれるような大人が一人でもいるかどうかで、子供心に幸せを感じられるか否かが決まります。**

また、親子の性格の違いは、親子の信頼関係を築く上で障壁になりがちです。「自分の子供なんだから」とつい自分と同じように考えてしまいがちですが、「違い」を認めた上で躾を工夫すれば、うまく伝わることもありそうです。私の母は、優等生タイプでしたから、性懲りもなく同じ失敗を繰り返してばかりの私に呆れていたようで、「あなたは、どうして同じ過ちを繰り返すの！　私は本来は我慢強い人間で、あなたに出会うまで、こんなに怒ることなんてなかったわ！」と嘆いていましたが、私には「ママは怒りん坊」としか思えませんでした。

子供を躾けなくては！　ちゃんと育てなくては！　と力み過ぎたり、人の目を気にして「良い親」を演じたりしないで、子供が何を感じ、考えているのか、よ〜く観察して下さい。そして失敗経験から学ぶ機会も大切にして下さい。親の愛情を、どのような気持ちで受け止めているかを子供の立場で意識できれば、子供と良い関係を築けると思います。

子供を持たない生き方

私は、子育てを経験しないとわからないことがたくさんあるとは思っていますが、子育てを経験しなければ成熟した大人になれないわけではないとも思っています。子供は、望めば必ず授かれるものではありませんし、あえて子供を持たない選択をする夫婦もいます。子育てをしない生き方には、子育てをした人たちにはわからないこともあるでしょう。私たちが成熟していくために、子育て以外にもたくさん経験できること、経験させられることもあります。子供がいないからこそ持てる視点もありますし、できる社会貢献もあるでしょう。

誰もが一日は24時間しかありませんから、どのように費やして生きるかは人それぞれであり、日本の現代社会はその多様性が認められて成立しています。そして、何を幸せに思うかも人それぞれです。あなたに子供がいるのなら、**あなたにとっての「子供がいる意味」を改めて考えてみるだけでも、心地よい親子関係を築くヒントが見えてくるかもしれません。**

第3章

死にたい気持ちになるとき

「死んでしまいたい」というような気持ちを抱くことは、
大なり小なり多くの人にあるのではないでしょうか。
自殺のイメージとは程遠い人が自殺してしまうことも
少なくありません。その生死を分けるカギは何なのか、
生きる意味とは何かを私なりにお伝えしたいと思います。

死にたい気持ちになるとき

【幸せホルモンを補充　素を出せる場所を持つ　深酒しない】

　長生きなんてしたくない、いつ死んでもいいと思うけれども、人に迷惑をかけるような自殺をしたいとは思わなくなった私も、子供の頃は、ずっと早く死んでしまいたいと思っていました。「なぜ生きていなくてはならないの？　生きていても、良いことなんて一つもないのに」と思い込んでいたからです。これは**「希死念慮」**というものです。「希死念慮」とは、具体的な理由はないけれど、「生きていたくない」「消えてしまいたい」と、漠然と死を願うことです。「自殺願望」は、人間関係や仕事、病気などの、解決が難しい問題から逃れるために、「死んでやる！」「死にたい！」と死を選択しようとすることなので、希死念慮は、慢性的なものと言えばわかりやすいでしょうか。子供の頃から希死念慮を抱いていたような私が、なぜ死なずに生きてこられたのかというと、子供の頃は負の感情を受け止めてくれる祖母の存在があったこと、実際に自殺に追い込まれるほどの大事件が起きなかったことが挙げられると思います。

大人になってからも、二度の離婚を経験したり、ワーカホリックになったり、うつになったりと紆余曲折はありましたが、今振り返ってみれば、どれも死ぬほどのことではなかったし、死ななかったからこそ今があるのだから、死ななくてよかったと思えます。波乱続きだった40代に心理学を学んだこともとてもよかったと思います。

誰にでも「死んでしまいたい」ほどの気持ちを経験することは、あるだろうと思います。特に女性は、PMS（月経前症候群）の時に、死にたくなるほどメンタル面でもつらくなることがあるようです。でも、なんとかやり過ごすことができれば、また元気になれるように、**たとえどのような窮地に立たされても、生きていればきっと抜け出すことができる、あなたの人生にも、思いがけない良い展開が待っていると信じて下さい。**

死なないためにできること

死にたい気持ちを抱えて、実際に自殺してしまう人と自殺しない人の分かれ目は、「自殺衝動」を乗り切れるかどうかで決まるといわれています。自殺衝動を抑えることができれば、自殺を思い留まることができます。死にたい気持ちになるほどの問題をすぐに解決することは難しいですし、ましてや漠然と「生きていたくない」と思う気持ちを抱えているときの自殺衝動を抑えるには、どうすればよいのでしょう。

①自殺衝動の5～10分をとにかく乗り切る
②幸せホルモン「セロトニン」の欠乏を防ぐ
③「良い人」でいなくてもいい場所を持つ
④頑張っている自分にご褒美を与える
⑤現実逃避のような飲酒はしない
⑥死んだ気になってやりたいようにやってみる

①自殺衝動の5〜10分をとにかく乗り切る

自殺衝動が続く時間は5〜10分で、長い人でも30分ほどだそうです。この時間を乗り切れば、「今すぐ死にたい」という状態を抜け出せて、少しずつ落ち着きを取り戻せるようになります。

自殺寸前まで追い詰められたことがある人は皆、誰かの顔が頭に浮かんで自殺を思い留まれたといいます。そういう意味で、私たちは誰かに「生かされている」と言えるかもしれません。愛情で結ばれている人や、自分を必要としている人たちのことを思い浮かべることで、自殺衝動をなんとか乗り切れるようです。

たとえ、文字どおり天涯孤独な人の死であっても、最低でも5人に影響を及ぼしたり、傷つけたりするといわれています。自覚していなくても、私たちは思いもよらない他者に影響を与えたり、意識されたりしながら生きているということではないでしょうか。孤独だと思うときは、負の感情で溢れかえっていて、客観性を失ってしまっています。他者からの優しさも受け入れる余裕が全くなくなってしまっている状態です。もしも、死んでしまいたいと思うようなことがあったら、自分は本当に孤独なのだろうか？　とちょっと考えてみて下さい。周囲の人たちからの自分への思いを感じとることができないせいで、孤独だと思い込んでしまっているようなことはないでしょうか？

②幸せホルモン「セロトニン」の欠乏を防ぐ

自殺衝動は、脳科学的に説明すると、脳内のセロトニンが極端に低下することで起こります。セロトニンは、「幸せホルモン」といわれる神経伝達物質で、ストレスや睡眠不足などの悪影響を受けると分泌量が低下します。すると、衝動性、激情、攻撃性が高まってしまいます。セロトニンの低下を防ぐためには、

- 朝起きたら日光を浴びる
- 適度な運動（散歩やウォーキング、ヨガなどがおすすめ）
- 熟睡（時間より質が大事）
- 必要な栄養素を摂る（セロトニンを作る栄養素は、必須アミノ酸のトリプトファン、ビタミンB_6、炭水化物の3つ。バナナはこの3つの栄養素を全て含む）

などが大切です。眠れなくなったり、悪夢を見てしまうようなときは、セロトニンが低下しているサインだそうですので、注意が必要です。

③「良い人」でいなくてもいい場所を持つ

いつも自分の本音を抑制して我慢して、常に「良い人」を演じてしまっている人は、自分を解放できる、自分の本音を表現できる場所や相手を持てるようにしましょう。疲れて気力がなくなっていたり、落ち込んでいるような自分でも受け止めてもらえて、**いつも「良い人」でいなくてもいいと許されるような場所があれば、生きる気力を回復できる**ものです。どんな人にも喜怒哀楽があり、その一つひとつが人間らしい大切な感情です。誰にでも気持ちに余裕がなくなるときがあるはずです。そのようなときでも本音を出さずに抑圧し続けていると、精神疾患を引き起こしてしまう場合もあります。無理して笑っていなくてもいい、元気でなくてもいい、周りから求められる「良い人の役割」から降りて、素の自分でいられるような居場所を持つことが必要です。

じゃあ、一人の時間を作ればよいのかといえばそうとも限りません。先にも述べたように、一人では自分の存在価値を感じることができないからです。自分のありのままの姿を受け入れてくれる存在があるということが必要なのです。本当はリアルの世界でそのような存在がいることが望ましいですが、今は、ネットやＳＮＳも役に立つのかもしれません。本当の気持ちを抑圧し続けないで、表現することが心の健康を保つ秘訣になります。

④頑張っている自分にご褒美

自分へのご褒美は、子供騙しのように思われるかもしれませんが、実は効果テキメンです。私たちは、満ち足りているものの価値は感じられなくなってしまい、足りていないものを求める癖があります。それが向上心でもあるわけですが、常に満足することがなく、足りないものばかりを求めて頑張っていては、息切れしてしまいますし、達成感とは程遠くなってしまいます。頑張るだけではなく、つらいときこそ自分にご褒美を与える必要があります。スイーツ、音楽、ファッション、マッサージなど、自分にとってのご褒美は何かを考えてみるだけでも、ちょっぴり気を取り直せるのではないでしょうか。

⑤現実逃避のような飲酒はしない

自殺で亡くなった人の3分の2が飲酒をしていたというデータがあります。お酒を飲んで、酔った勢いで自殺をしてしまうのです。お酒を時々飲む人に比べて、毎日3合（540㎖）以上飲む人は、自殺のリスクが2倍以上に増えるという研究結果もあります。「希死念慮」「自殺願望」がある人は、できれば「お酒を飲まない」「お酒をやめる」方が望ましいかもしれません。と言われても、飲酒の習慣がある人は、そんなのやってられませんよね。でも、お酒を飲んでも問題は解決しない、むしろ事態は悪くなる可能性の方が高いということだけはちゃんと認めて、現実逃避のような暴飲を避けることで、酔った勢いで命を落としてしまうようなリスクは回避できると思います。

⑥死んだ気になってやりたいようにやってみる

「死ぬ気になれば何でもできる」と言われると、突き放されたように感じられるかもしれませんが、考えてみれば確かにそうですよね。死んでしまったら、それまでの人生からも、人間関係からも解放されます。それを望んで自殺を選びたくなるわけです。ならば、その縛りを切り捨ててしまえば、自由に生きられるようになるということではありませんか。死を選ぶ前に、**死んだつもりで、思い切って家族との縁を切る、仕事を辞めてみる、どこか遠くで暮らしてみる、そんなことを考えてみるのも、決して悪いことではない**と思うのです。

たとえ全く違う人生を歩むことになったとしても、生きてさえいれば、いつの日か再会することもできます。でも、死んでしまったら、もう二度と会うことができなくなってしまうのです。死んでしまいたいと思っている人は、それでもかまわないかもしれませんが、愛している人に、それこそ死んでしまいたいほどの悲しみを与えることになってしまってもかまわないのでしょうか。たとえ違う道を歩むようなことになっても、本当に縁がある人であれば、いつかきっと再会したり、やり直したりすることもできるでしょう。

「なぜあの人が?」の自殺のわけ

いつも笑顔で、さわやかで、明るく、誰にでも優しい、真面目な人など、**自殺のイメージとは程遠いような人が突然自殺してしまうというのは、実は珍しいことではありません。**そのような完璧な人でいるために、疲れ果ててしまうからです。真面目過ぎて、生きることを深刻に考えてしまいがちですし、周りからの期待に応えようとして、本当の自分を封じ、あるいは自分でも本当の自分がわからないまま、周りが求める姿をひたすら演じることになってしまうのかもしれません。自分の役割に徹底しているので、仕事ができるとても優秀な人であったり、非常に家庭的な優しい人であったり、周りからは、眩しいほどの人に見え、慕われたり憧れられるような存在だったりもします。しかし、裏を返せば、自己犠牲を強いている人なのです。自分の存在価値に自信が持てず、完璧を求め、常に不安に襲われている不安定な精神状態でいることが多い人だとも言えるでしょう。このような人たちのほとんどに、子供時代に、親が厳しかった、過剰な期待を受けていた、両親が不仲だった、虐待、ネグレクト……など、親との関係に何かしら問題があるといわれています。子供の頃の親からの「見捨てられ不安」がそうさせてしまっているのです。周りからどんなに高い評価を受けていても、自分で認めることができなければ、幸せにはなれないのです。

また、可愛がっていた子供や大切な家族を残してなぜ自殺をするのか？　という疑問を持たれがちですが、家族のことを考えていないのではなく、深刻に考え過ぎて「自分では家族を支えきれない」と過度な責任感に押し潰されてしまう人もいます。理想どおりの親になれない、あるいは理想どおりの妻になれない自分を責めて、こんなダメな自分は、いなくなった方が、家族のためになるに違いないと思い込んでしまうのです。心理的な負荷が長く続くと、問題の解決策が自殺以外に考えられなくなる**心理的視野狭窄**といわれる心理状態に陥ってしまうからです。自分のことだけを考えて死を選ぶのではなく、自分より家族の幸せを願うからこそ、自殺を選んでしまうという悲劇もあるのです。しかし、**自分の命を犠牲にすることで家族が幸せになるなんてことはありません。自分が死なずに生き続けることが、家族の幸せを守ることになるんだということを忘れずに、人間らしいダメな部分があっても適度にいいかげん（＝良い加減）でいいのだと考え直していただけたらと思います。**

自殺を回避できた私

子供時代の私にも、本音を吐き出せる場所があったのは幸いでした。週末や夏休みなどに、実母方の祖父母の家に預けられることが多く、そこでは日頃のストレスから解放され、汗をびっしょりかくくらい大泣きをしたりして、日頃の鬱憤を爆発させていました。祖母が私の負の感情を受け止めてくれていなかったら、親の愛情が感じられない寮生活のようなつらい日々を乗り越えることはできなかったかもしれません。

私は祖母に「死んじゃいたい」とよく訴えていました。祖母は「そんなこと言わないで、あと10年我慢したら、自分の好きに生きられるようになるから」と、慰めてくれました。いくつになっても「あと10年」と言われていたのですから、おかしな話ではあったのですが、実際に20歳で家を出て、自由に暮らすことができるようになったわけです。祖母の説得は単なる気休めではなかったのです。

祖母が、私の母の躾が厳し過ぎて可哀そうに思ってしまうと、親戚にこぼしていたことを、大人になってから知りました。けれども祖母は私には、「いいママが来てくれてよかったね」

「ママはプチのためを思って厳しいことを言っているんだよ」と、いつも言っていました。私はその言葉に納得なんてしていませんでしたが、どこかに希望が感じられていたような気がします。

私が30歳を過ぎて、二人目の夫が病気になってしまった頃に、他にも身近な人たちが、心を病んで苦しんでいることがわかりました。中には自殺してしまった人もいました。友人から単細胞とからかわれ、自覚もしていた私には、複雑な彼らの気持ちを理解することができずに、いたずらに心配をしていただけでした。もしかしたら、自分のおせっかいで、彼らの精神状態を余計に悪化させてしまっていたかもしれません。彼らの複雑な心理をもっと理解できていたらと後悔するようになり、無性に心理学を学びたくなったのです。今なら苦しんでいる人に、何も言わずにさりげなく傍に居続けることができるかもしれません。

死にたい人がいたら

　もしも身近に悩んでいるような人がいたら、さりげなく声をかけ、その人の言葉に耳を傾けてください。特に女性は、話すことでストレスを発散できる傾向があるようです。何かアドバイスしなければと考えたり、励まそうとするのではなく気持ちに寄り添うのがよいと思います。どんなに無口な人でも、自分の気持ちを理解して欲しいと願っているものです。**もしも「死にたい」と言われたら「あなたが死んだら悲しい」とだけ伝えましょう。**

　また、自殺予防のためには、日頃から周囲がいつでも温かく見守り続けているということを、さりげなくアピールしておくことも大切です。自殺を考えるような人は、人に相談することで迷惑をかける、自分さえいなければと思い込んでしまって、人に相談できない状況に追い込まれてしまい、死という方法以外に解決する術を見出だせなくなってしまうのです。心理的視野狭窄のせいで、周りの「励ましたい」という気持ちが、逆効果になってしまう場合もあるので注意が必要です。大切な人をそのような状態に追い込まないために、日頃から温かい心の交流を心がけるようにしましょう。

心の相談窓口

◎「精神保健福祉センター」
各都道府県・政令指定都市に設置されています。医師や精神保健福祉士、臨床心理士などの専門家が在籍しており、相談ができます。

◎「いのちの電話」
研修を受けたボランティアが、相談相手になってくれます。

いずれもインターネットで、お住いの自治体名と「心の相談窓口」と検索すると、連絡先を調べることができます。

また、「まもろうよ　こころ」と検索すると、厚生労働省が、SNSのチャットで相談できる窓口を含む情報を紹介しています。

第三者や専門家に気持ちを聞いてもらうだけでも、心理的視野狭窄の状態や自殺衝動を抜けるきっかけになるものです。身近な人が死を考えている場合にもアドバイスを求めることができます。

第4章

言動を変える方法

掃除をすると気持ちがスッキリしたり
「大丈夫」と口にすると何となく安心できたりするように
言動に心がついてくるもの。
「生きづらさ」から抜け出す方法として
言動面からのアプローチもおすすめです。
頭で考えすぎず、少しずつでも言動を変えてみましょう。

心の健康を保つ

【ストレスコーピング　自分の価値観
トリートメント】

ストレスを溜め込まないための対処法のことを「ストレスコーピング」といいます。極度に狭い空間に長期間閉じ込められた状態で、困難なミッションを達成する宇宙飛行士は「ストレスコーピング」をたくさん挙げるようなトレーニングも受けるそうですが、あなたはいくつ挙げられますか？

旅行のような大掛かりなことでなくても、飲食、音楽、映画、読書、ガーデニング、ヨガなど、むしろ日常的なことで、心地よさを実感できることがあれば、日々のストレスを軽減する効果が期待できますし、疲れた心を癒すこともできます。贅沢だとかわがままだなどと思ったりせずに、必要なものとして、いろいろ試してみて下さい。

疲れた心には心地よい時間が一番のクスリになります。**心の健康のためには、自分の心の特**

性や価値観を把握することも必要です。自分は何を求めているのか？　どんなことがストレスになるのか？　どんなときに心地よさを感じるのか？　人から与えてもらうことばかりでなく、自分にしてあげられることもたくさんあるはずです。人の顔色ばかりうかがっていないで、自分の心にもお伺いを立ててみましょう。

趣味の効能

楽しい、心地よいと思えることならなんでもいいと思います。心地よいと感じることで、〝幸せホルモン〟といわれる「セロトニン」（神経伝達物質）が働くようになります。そのことで、私たちの精神状態は穏やかになるのです。だから、私たちは無意識に心地よさを求めるわけです。精神状態が穏やかなときは、心に余裕も生まれます。心に余裕が生まれると、仕事や育児のクオリティも上がります。逆にセロトニンが不足すると、心に余裕がなくなります。心に余裕がないときは、家族や同僚とのトラブルが増え、ストレスが溜まりがちになります。心に余裕のない親に育てられる子供は、「アダルトチルドレン」（抑圧された子供心を持つ人たち）になりやすいものです（202ページ参照）。ですから、ぐっすり眠れずに、ストレスが溜まるようなときこそ、セロトニンの働きが必要になります。ただの趣味とか、贅沢などと思ってしまわないで「ストレスコーピング」を、積極的に日常生活に取り入れて、セロトニン効果で心を休ませるようにしましょう。

おいしいもの

おいしいものを食べたり飲んだりすると、理屈抜きに満たされた気分になりますよね。飲食によりトリプトファンを摂取することができるからです。トリプトファンは脳内でセロトニンに変化、夜間はメラトニンに変化して、睡眠を促すようになります。ぐっすり眠ることで、ストレスも解消されます。質の良い睡眠のためにも、おいしい食事も必要だということです。

音楽

好きな音楽を聴くと、脳からα波が出るとされています。α波は脳波の一つで、心身ともにリラックスした状態のときに発生するそうです。α波の発生を促すことでリラックスしたりストレスを解消して癒しがもたらされるようにする音楽療法という治療法もあります。

癒しの音楽といえばクラシック音楽というイメージがありますが、好きな音楽であれば、ハードロックでも、アイドルの曲でも、アニメソングでもいいようです。音楽を聴く時間は1日30分~1時間、集中して聴くとリラクゼーション効果が高いとされています。

また、音楽の中には、「1/f（エフぶんのいち）ゆらぎ」という波長があるそうです。「1/fゆらぎ」とは、私たちの身体や自然界の中に存在するリズムです。たとえば人の心臓の鼓動、川のせせらぎ、波の音、ろうそくや焚き火の炎などに1/fゆらぎがあります。そして、そのゆらぎが共鳴し、脳の自律神経が刺激されることによりα波が出され、情緒が安定するといわれているのです。クラシックの名曲や日本の雅楽には、1/fゆらぎが含まれているものが多いそうです。

映画・ドラマ

映画やドラマのストーリーに心酔することは、一種の現実逃避です。それは日常生活に疲れた心の休息にもなりますし、現実に縛られない代償行為によるストレス発散にもなります。

また、たとえフィクションだとわかっていても、他者の人生に自分を重ね合わせることで、違う価値観を持つことができるようになったり、新たな可能性を見出だすきっかけにもなります。そのことにより心の間口が広くなり、気持ちが楽になるという効果もあるわけです。

私はメンタルケアの一つとして、映画観賞もお勧めしています。私のカウンセリングルームでは、「お散歩クラブ」を主催していますが、お散歩日和が少ない季節は、皆さんと一緒に映画を観る「お楽しみクラブ」に替えています。

読書

私は、本を読むという行為は、他の動物にはない人間ならではの素晴らしい能力だと感じています。小説は、文字だけなのに、映画やドラマのように、いえ、それ以上に極めてオリジナリティ溢れるイメージを膨らませることができるのです。だから、原作を読んでから映画を観るとガッカリすることが多いのでしょう。文字だけでも、私たちは、まるで現実世界のようにリアルに感じることができて、心酔することもできるのです。

実用書やビジネス書、自己啓発本であれば、新しい知識や発見を得ることで、知性や教養を深めるだけでなく、日々のストレスを軽減する方法を得ることもできます。

裁縫・ハンドクラフト・料理

何かを作ることに没頭すると、脳からドーパミンが放出され、快感を得たり学習意欲が高まったりします。完成したときには、達成感も得られるので幸せな気分にもなれます。また、作品や料理を人に見せて評価されることで、自己評価も上がり、自信が持てるようにもなります。

ゲーム

家庭用ゲームやスマホゲームでの遊びに熱中するのは、悪いことのように思っている人もいるかもしれませんが、現実の世界では味わうことができないスリルや達成感を手軽に味わえるので、ストレス発散になります。

ゲームの種類には、アクション、シューティング、シミュレーション、レーシング、アドベンチャー、ロールプレイング、パズル、音楽系など様々ありますから、自分が楽しめるものを見つけやすいはずです。ただし、手軽にスポーツ同様のアドレナリンやドーパミンが放出されるものもあるので、依存症になりやすい傾向も否めません。スポーツのように体力を消耗することがないため、いくらでも続けることができてしまいますから、プレイ時間を決めておくなどして、はまり過ぎないようにしましょう。日常生活に支障をきたすようになってしまっては、本末転倒です。

カメラ

カメラやスマホで撮影を楽しむことは、まず、被写体を発見したときに喜びやワクワクというプラスの感情が生まれます。そして、構図を考えることで、創造力を発揮させ、気持ちがさらに高揚し、いい写真が撮れたときには、達成感や自己肯定感が得られます。特に美しい風景や、自分が好きなものを撮った写真なら、その効果がさらに高くなるでしょう。また、撮った写真を見返すことにより、想い出や感動を再び味わうことができ、気持ちも癒されます。インスタグラムが大流行していることからも、写真セラピーの効果が証明されていますね。

ドライブ

車やオートバイの運転は、まるで翼を得たように、自分に新しい能力が備わったような感覚になれますし、スポーツ感覚にも似ています。

また、気軽に遠方まで出かけられることで、自然の癒しを感じることもできます。私は、車やオートバイで出かけるのが好きなのですが、カウンセリングの仕事を始めてから、自然はどんな言葉よりも私たちの心を癒してくれると、いっそう強く思うようになりました。

ヨガ

ヨガやストレッチは、激しいスポーツと違って、副交感神経が優位となるため、リラックス効果が高く、脳内で「幸せホルモン」（ドーパミン、セロトニン、オキシトシン）が分泌されます。ドーパミンについては先に書きましたように、快感を与えたり、意欲を高める効果があります。セロトニンが分泌されると、自律神経のバランスが整えられ、精神が安定し、ストレスも軽減されます。オキシトシンには、不安を軽減させ、社交性を高める効果もあります。

ヨガは、体を柔軟にするだけでなく、呼吸法で自律神経のバランスを整え、睡眠の質を高めたり、腸内環境を改善させる効果も期待できます。また、「マインドフルネス」といわれるように、瞑想が穏やかで満ち足りた幸せな気持ちにいざなってくれる効果もあるようです。

ランニング

ジョギングやウォーキングなどの適度な運動も、「幸せホルモン」を分泌する効果があるとされています。脚には感覚器も集中しているため、地面を蹴るときに生じる脳への衝撃が、ストレス発散だけでなく、精神疾患の予防効果をもたらす可能性があるという研究結果も報告されています。うつ病や認知症のリスク低下の面においても注目されているのです。

ガーデニング・家庭菜園

綺麗な花を見るだけでも癒されるものですが、自分で植物や果物、野菜などを育てることにより、自然の力や恵みを実感することができるようにもなります。

私も、切り花より安あがりな鉢植えの花を買ってきて、カウンセリングルームの玄関先に並べています。ちょっと目をかけずにいると元気がなくなってしまっていたり、もうダメかなぁと思いながら諦め切れずに水をあげていたら、ある日蕾を発見することができて感激したり、日々変化する花たちは、私にとっては可愛くてたまらない存在です。ガーデニングといえるような規模ではありませんが、しゃがみ込んで手入れをしていると、嫌なことも忘れて夢中になれます。

植物と接することで、視覚・触覚・聴覚・嗅覚・味覚の五感も刺激され、私たちが本来持っている自己治癒力の活性化にも繋がります。うつ病や統合失調症、認知症などの治療にも、園芸療法が用いられています。

友達とのおしゃべり

学生時代と違って大人になると、仕事や家庭生活で多忙になり、友人との付き合いを楽しむ余裕がなくなりがちですが、おしゃべり好きな女性には、友達とのおしゃべりも大いにストレス発散になります。

恋人や家族ができたからといって、それまでの友人付き合いを切り捨ててしまうのは危険です。「彼にだけは感情を全部出せるんです」という話を聞くこともありますが、受け止める側はスーパーマンではありません。一人の人に「自分の全てを理解してもらいたい」とか「自分の全てを受け止めてもらいたい」と期待するような人間関係は、破綻する可能性が大きいので要注意です。

失恋したり、家族と死別したり、人生には大ピンチも待ち構えています。いつも傍にいなくても、そんなときにこそ助け合えるのが「心友」です。ちなみに私の座右の銘は「持つべきものは友」です。たくさん作る必要はありません。心の友と思えるような人が2、3人いれば、気持ちを安定させてもらえます。

心のトリートメント

介護に追われている人たちが、質の高い介護を維持するためには、自分を労う「レスパイトケア」が必要だとされています。**レスパイトケアは、日常的な介護が必要な高齢者や、障害のある家族から一時的に離れて休息し、心身の疲れを取り除くような、介護する人のためのケアです。**介護を放棄していることになるのではないか、自分のリフレッシュのために自分の都合を優先していいのだろうかとためらう介護者は、休息を取らずに一人で抱え込んでしまう傾向があります。しかし、介護者が疲れ果ててしまっては良い介護もできません。レスパイトケアは、介護する側の身体の疲れを回復させるだけでなく、心に余裕を生み出し、介護の質を高め、長続きさせるために必要なケアだと理解していただけたらと思います。そのような方たちにこそセロトニン効果のある快適なひとときが必要なのです。日頃のストレスを発散させて、ぐっすり眠り、リフレッシュした状態で介護に向き合いましょう。

アメリカでは、**メンタルケアを「トリートメント」ともいいます。**ヘアケアのトリートメントと同じように、潤いを与え、良い状態に修復、維持するという意味です。男性には「メンテナンス」の方が、イメージしやすいかもしれませんね。どんな高級車でも、メンテナンスを怠っていると、いずれはガタがきますが、古い車でも、メンテナンスをしっかり行っていれば、快調に走り続けてくれるということです。趣味や心地よいひとときは、心のトリートメントになりますから、多忙な日常生活にこそ必要なのです。まず自分を大切にしてこそ、良い人間関係を維持することができるということを忘れないようにしましょう。

涙で心のデトックス

【副交感神経が優位になる　ストレスホルモン排出　感情にふたをしない】

涙には心を洗い流すデトックス効果があるといわれています。幸せいっぱいでネガティブな感情を忘れてしまっているようなときでも、何故か私たちは、わざわざしんみりするような切ない音楽を聴いたり、悲しい映画を観て涙を流したりしますよね。悲しみたくはないけれど、ずっと涙を流さずにいるのは、心の健康のためには良くないと、本能的に知っているからかもしれません。音楽や映画などで、わざわざ涙を流すことを「涙活」と呼び、意識的に取り入れている人もいます。

悲しいときは元気が出るような音楽を聴く方がよいように思いますが、悲しい気持ちを代弁してくれるような音楽を聴く方がよいとも言われています。思い切り泣いた方が気持ちが楽になったり、スッキリしたりするものです。

涙は、喜びで感動したときにも溢れ出ます。私たちがいつも感動を求めているのは、感動の涙ほど心の栄養になるものはないからでしょう。

ストレスホルモンを排出

人が涙を流すとき、セロトニンが分泌され、喜怒哀楽を司る大脳辺縁系に影響を与えます。このとき、自律神経が交感神経優位から、副交感神経優位に変わるため、気分がリラックスしたり、ストレスを解消する効果があるそうです。つまり、**たくさん涙を流すほど、ストレスが解消され、気持ちの沈みや怒りの感情も改善される**わけです。

また、涙には、ストレスホルモンと呼ばれる複数の物質が含まれているという研究結果もあります。**涙はストレスの原因になる物質を体外に排出する重要な役割を担っている**というわけです。悲しいときは涙を我慢したりせずに、ストレスホルモンを体の外に排出しましょう。

ネガティブな感情というのはとてもつらいものですが、ネガティブな感情でいるときの心は繊細で、感受性が豊かになるようです。月が綺麗だとか、誰かに声をかけられたなどの、普段なら何も感じないようなほんのささやかなことにも感動したり、元気をもらえたりすることがあるのも、感受性が豊かになっているときです。そして、その感動が、ポジティブな感情に導いてくれたりもします。

常にポジティブな感情のままでいられたら楽でしょうけれど、きっとこういう感動がなくなってしまうでしょう。そう考えるとネガティブな感情も役に立つのだと受け止められますよね。

ある日、私は職場で誰にも泣き顔を見られたくなくて非常階段に飛び出したことがありました。そのとき偶然目にした真っ赤な夕陽が、神様からの慰めのように感じられて、つらかった気持ちは吹っ飛んでしまい、感動の涙に変わっていました。そして、その日から私は、空を見上げることが多くなりました。空はどこまでも続いていて、この同じ空の下で、見知らぬ人たちも自分と同じように喜怒哀楽に翻弄されながら生きているんだなぁなどと思いを馳せると、自分の今の苦しみも、きっといつかは終わるであろうと思えてきたりします。そんなふうに思えるようになってからは、以前のように思い詰めたりして、自分で自分をつまらなくすることはなくなりました。

それまでの私は、海に出かけても、せっかく目の前に広がる海や空を眺めずに、足元の砂浜ばかり見ていました。友達に「なぜ下ばかり見て歩くの?」と言われたことがあります。そう言われても答えられませんでしたが、今思い返すと、心の有り様が姿勢に表れていたような気がします。

泣かないのが偉いわけではない

男の子は「泣くな」と言われて育つことが多いようです。「女々しく泣くな」というような言葉(差別用語ですよねぇ)もあります。女の子は「女の子なんだから泣くな」などと言われないせいか、男性より女性の方がよく泣くようです。しかし、私の両親は「男だから、女だから」という考え方はおかしいと思っていて、女の子の私にも「泣くな」と制していました。それは、泣くことで相手を意のままに操るような卑怯なまねは良くないと、教えたかったのかもしれません。私が泣いていても「泣くことないじゃないか」と呆れられて、慰めてもらえたことは一度もありませんでした。

そんな両親に鍛えられたおかげで、私は、めったに泣くことがありません。大好きだった人のお葬式でも泣けない自分に呆れたりするくらいです。もちろんひどく悲しいのですが、涙が出てこないのです。それはそれで困ります。

心を解放する

もしもあなたが、本来なら楽しいはずの場面なのに、思いっ切り楽しめないようであれば、日頃、つらさを感じないように感情にふたをする癖があり、楽しい気持ちにもふたをしてしまっているからかもしれません。**喜怒哀楽を全く感じることができなくなってしまったら、感情鈍麻という精神疾患のサインです。**寂しい思いやつらい思いをたくさん経験してきた人は、これ以上傷つかないようにと防衛本能が働いて感情を鈍麻させるといわれています。心が干からびてしまわないようにするためには、気持ちのままにどんどん涙を流せる方がいいのです。

つらいときはつらいと嘆いても、愚痴を言っても、泣いてもいいんです。つらいことがいっぱいの人生だからこそ、たまに顔をのぞかせるお楽しみのひとときで、エネルギーをチャージすることができるのです。携帯電話のバッテリーをイメージするとわかりやすいかもしれません。使用と充電の繰り返しは、無駄なことではありません。充電が面倒だから使用しないという人はいないでしょう。涙は、無理に止めることなく存分に流す、それも心を健康に保つ秘訣なのです。

喜怒哀楽が鈍くなっているように感じるときは、意識的に感傷に浸って、積極的に涙を流し、心を解放してあげましょう。泣けるドラマ、泣ける映画などを観るだけでも効果はあると思います。また、つらいときに思い切り泣いて負の感情をデトックスできる場所を見つけておくとよいですね。独りの部屋でもよいですが、誰かに傍にいてもらえたらもっと早く立ち直れるかもしれません。そんなとき、友達の存在はとても有難いものです。一緒に泣いたり喜んだり、喜怒哀楽豊かに成長していけるような友達は「心友」と呼べるでしょう。

所属欲求・承認欲求と自己実現

【家庭以外の場所　自分を承認】

何度も繰り返していますように、私たち人間は基本的に群れる動物です。人間には、猛獣たちより身体能力が劣る身を守るための、群れるという本能が備わったのでしょう。猛獣から身を守らなくてよくなってからも、人間の群れる習性に変わりはなく、私たちは本能的に、群れから孤立することへの恐れを抱き続けているようです。それが**「所属欲求」**です。群れの中にいられないと、不安を感じるようになります。

人間は群れるために必要な高度なコミュニケーションスキルも発達させてきました。現代社会では、たくさんの人に囲まれて衣食住と身の安全を保障されていても、コミュニケーションが思うようにならないときの精神的な孤立、つまり孤独が何よりも私たちを怯えさせます。

「人間は感情の動物」ともいわれるように、社会の中で感情が満たされない限りは、安心することができないのです。どんなに物質的に恵まれた環境にいても、良好な人間関係に恵まれていなければ不安が解消されることはありません。これが、他者から認められて、自分の存在価値を感じたいという**「承認欲求」**です。「所属欲求」が満たされれば「承認欲求」も満たされるというわけではないのです。自分の存在価値を認めてくれる仲間がいる居場所に所属しているという安心感こそが、私たちにとっては重要なのです。

また、私たちは、「所属欲求」と「承認欲求」の他に**「自己実現」**という欲求も持っているので、自分が納得できていないと、生きづらさを感じるようになります。しかし、「自己実現」だけを目指していると、孤立感や虚しさを感じてしまうため、他者からの期待に応えることで得られる「所属欲求」と「承認欲求」も満たされる必要があるのです。つまり、**「所属欲求」と「承認欲求」と「自己実現」という3つの基本的欲求が満たされることで、安心できたり満足を得たりすることができるわけです。**

認めてもらえる居場所

私たちが生まれて初めて「所属欲求」を満たす場所は、家庭です。家族に「あなたは大切な家族だよ」「あなたの存在そのものに価値があるんだよ」「大好きだよ」と認められていることで、「所属欲求」と「承認欲求」が満たされ、安心して成長し、家庭の外に向かうことができるようになります。しかし家庭では、「所属欲求」も「承認欲求」も当たり前のことのように思われがちです。逆に満たされていないように感じられると大きな悲しみと憎しみが生まれますし、自己肯定感や自己評価、自分の存在価値を下げるようになってしまうわけです。

このような家族からの悪影響を避けるためには、家庭以外に「所属欲求」「承認欲求」を満たせる場所を持つことが必要になります。それが学校であったり、職場や趣味の集まりだったりするわけです。とにかく家庭から出て、自分を認めてもらえる居場所を探すようにしましょう。

現代社会においては、物理的に出ていかなくても、SNSによって、多くの人たちとコミュニケーションを図ることができますから、「所属欲求」を満たすことは比較的に簡単ともいえます。けれどもそこで「承認欲求」まで満たされて初めて、私たちは安心することができるようになるので、どこかに所属さえしていれば満足できるというわけではありません。**他人から「あなたはここにいていいんだよ」「そのままのあなたに価値があるよ」「大好きだよ」と認められるような居場所**であることが必要なのです。ユーチューバーやインスタグラマーなどが急増しているのは、ネット社会が「所属欲求」を満たす場所の一つととらえられているからでしょう。そしてSNSなどでの「いいね」の数に一喜一憂してしまうのは、「承認欲求」の表れだと考えられます。

みなそれぞれに必死で生きていますから、自分のことのように大事にできる人は、なかなかいないでしょう。それでも、誰もが「承認欲求」を抱えて生きています。それが、「生きづらさ」を感じさせてしまう要因の一つでもあります。自分を個人的に認めてくれるような仲間は簡単には見つからないかもしれませんが、広い世界には星の数ほどの人間が、それぞれの事情や思い、個性、そして「承認欲求」を抱えて生きていると考えれば、希望が持てるのではないでしょうか。人生は「自分探しの旅」のようにいわれますが、それは**「自分を認めてくれる人**

との出会いを探す旅」なのではないかと思います。職場や学校、親族などの所属先でなくても、どこかできっと自分と相性の良い仲間に巡り合えて、「承認欲求」も満たされる日が来るという希望を持ちましょう。

まずは自分を承認する

カウンセリングにいらっしゃるクライエントさんたちのお話は、実に様々ではありますが、**根本的な問題は「寂しくてつらい」というのがほとんど**です。しかし、文字どおりの天涯孤独でいらっしゃる方は全くと言ってよいほどいらっしゃいません。学校や会社に所属していなくても、家庭があります。あるいは一人暮らしであっても、親族や友人がいたり、お年寄りであればデイサービスに通うなど、何らかに所属している方がほとんどです。このように、環境的・物理的な「所属欲求」が満たされていても、「承認欲求」が満たされていなければ、私たちは孤独を感じてしまうのです。これが「感情の動物」である私たちの一番大きな苦痛となります。「承認欲求」は他者からしか得ることはできませんが、まずは自分を認めましょう。自分のこれまでの努力、他者の役に立ってきたこと、他者を喜ばせてきたこと、愛されたことなどです。それが全く思い浮かばない人は、自分に厳し過ぎるせいで自己評価が低過ぎるのかもしれません。

「承認欲求」を満たしてくれる人が多ければより幸せというわけではありません。「みんなに認められたい！」と欲張り過ぎると、人からは八方美人に見えたり、本質が見えづらかったり、余裕がない人に見えたりするため、個人的な価値を感じてもらうことが難しくなることもあります。そうすると逆に、承認欲求を満たすことが難しくなってしまいます。

私たちはお互いに他者に安心を求めているのです。自己評価が低く他者からの評価ばかりを求めて余裕がないような人には、他者を安心させることはできません。**人から承認してもらいたいと願うなら、自分でも承認することが必要**だと思うのです。「自分はこれでいいんだ」と穏やかな気持ちで生きている人の方が、他者に安心感を与えます。あなた自身が穏やかな気持ちでいることが、相手を緊張しなくても許されるような気持ちにさせるのです。

自分の本音を抑圧して、他者の期待に応えてばかりいるのではなく、自分の価値観や生き方

を隠さずにいる方が、自分に共感してくれるような人が見つかりやすくなります。そのためにはまず、日頃無視しがちな自分の本音に耳を傾けることです。それが生きづらさから解放されることにも繋がります。

自分を大事にする

「自分を大事にできない人は他人を大事にすることもできません」。これは私が高校時代の恩師から教えられた言葉です。当時の私には矛盾しているように思えて、真意がさっぱりわかりませんでしたが、最近になって自分なりに解釈できるようになりました。

自分を大事にするということは、自分に無理をさせないということが基本になると思います。努力しなくてもよいということではありません。他人からの要求や期待に、過度に応えようと無理をしないということです。誰にでも得手不得手やキャパシティがあります。己を知ることは、自分を甘やかすことではありません。必死に頑張ってみることも、自分を成長させることに繋がりますが、無理し過ぎて自滅してしまっては意味がありません。優秀なコーチのような目線で、自分の個性や能力を客観的に見極めることで、自分をベストコンディションに保つ、それが自分を大事にすることだと思うのです。ベストコンディションでなければ、自分のことだけで手一杯になってしまい、他者を思いやったり、手助けする余裕は見込めません。だから「まず自分」で良いのです。人を蹴落としたりしない限り、自分勝手なわがままにはなりません。

仕事の効能

【所属欲求、承認欲求　達成感　適度なストレス】

私たちは、良好な人間関係の中で幸せを感じますが、**仕事をすることでも幸せを感じることができます。**まず、仕事をしている社会人であるという所属欲求が満たされますし、収入に結びつく仕事なら、経済的にも自立ができているという自信や安心感を得ることもできます。

さらに、無理にやらされている仕事でなければ、充実感や達成感を得ることもできます。加えて、社会（会社）に貢献していることを一緒に喜び、分かち合えるような仲間がいれば、承認欲求を満たすこともできますから、基本的欲求の全てが満たされることになり、幸せを感じることができるわけです。

収入を得るための仕事以外のボランティアや子育て、介護などでも、仕事同様の承認欲求や達成感、充実感を得ることができます。**子供でも、専業主婦でも、定年退職した人でも、ボランティアなどの社会的役割を担ったり、自分なりのミッションを達成することで、自分を向上させたり、人を喜ばせたりすることができるからです。**また、画家や小説家など、**たとえ目の前に相手が見えていなくても、自分の努力により、誰かを喜ばせることができると思えば、達成感や充実感を得ることができます。**とは言え、無人島では基本的欲求が満たされることは難しいでしょう。そう考えると、私たちはやはり群れの中で幸せを感じる動物なので「社会的役割」を担っていると感じられるかどうかが要になってくるわけです。

たとえば病気や高齢のために、社会的役割を担えていないと感じていると、私たちは、看護や介護をしてもらう立場にあることに、虚しさを覚えがちです。しかし、相手に社会的役割（仕事）を与えている立場であり、それが自分の社会的役割であると考えることにより、所属欲求や承認欲求を満たすことができるのではないでしょうか。

けれども、世話になるばかりで何の役にも立てない、と悲観してしまっていたり、自分の不自由さに気をとられてばかりで、相手のことを全く考えられないような人は、決して幸せな気持ちにはなれないでしょう。幸せになるためには、何らかの努力が必要です。たとえ、病床の人でも、お年寄りでも、ミッションはあります。医療従事者や介護従事者に喜びを与えられることも、素晴らしいミッションなのです。

ストレスも必要

努力には、ストレスが付き物ですが、その対価として私たちは達成感や喜びを得ることができます。もしもストレスを恐れて何もしないでいたら、たとえ何不自由なく暮らせるとしても、やがて退屈し始めて、何もないことがストレスになってしまうはずです。

私たちが最もストレスを感じるのは、人間関係かもしれません。ならば、独りでいれば快適かといえば、孤独を感じるときもあるでしょう。食べ飽きたり、暇を持て余したり、買い求めすぎた物の処分に困ったり、私たちは呆れるほど、ないものねだりばかりする動物なのです。何もないことでもストレスを感じてしまうような私たちには、適度なストレスも必要だといわれています。

自分にとっての意義

ストレスが全くない仕事というのはありませんが、つらい中でも他者から評価されることによる達成感や充実感、仲間との連帯感や信頼感を得ることができるのも仕事です。だから、私たちは生活に困っていなくても、何か仕事をしたいと思ったりするのでしょう。

たとえ退屈な単純作業の繰り返しでも、どこかの誰かの役に立っていることは間違いありません。このような想像をしてみるだけでも、達成感や充実感を得ることができます。とらえ方を変えてみるだけで自己肯定感を育むこともできるのです。

しかし、「やらされ感」だけの仕事は、達成感や充実感が得られずに、ストレスばかりが蓄積して、心身ともに疲弊していくようになります。そうなってしまうと、いくら収入が良くても、心身の健康を損ねるようになるので、長く働き続けることは危険です。

仕事のストレスが過剰に感じられるようなときは、ネガティブな思考回路の影響もあるかもしれません。物事の全てにプラス面とマイナス面があるということを思い出して、今、あなたがつらいと感じているマイナス面を書き出してみましょう。そして、その反対側にあるはずのプラス面をひねり出して書いてみて下さい。プラス面とマイナス面は同じ数だけあるはずです。冷静に分析することで、今の仕事に意義を見出だせる場合もあります。しかし、どうしてもマイナス面の数がプラス面の数より上回るようでしたら、あなたにとって残念ながら今の仕事はリスクの方が大きいということですから、早めに転職することをお勧めします。

ワーカホリック

ワーカホリック（仕事依存症）は、心身の健康を損なうほどに仕事に没頭してしまう依存症の一つです。頑張れば頑張るほど周りとの温度差が生じ、そのことに寂しさを感じるようになったりもします。そうなると孤独との闘いになり、生きづらさを抱くようにもなります。承認欲求を満たしたい一心で、ワーカホリックになっては本末転倒です。

依存症タイプ、アダルトチルドレンタイプ（202ページ参照）の人たちは、ワーカホリックになりがちなので注意が必要です。

ワーカホリックになるような人は、周囲からもう充分に評価されているはずなのですが、誰からでもない自分自身が生み出す強迫観念により、寝る間も惜しむほどに仕事熱心になるあまり、オーバーワークであることに気が付きません。そのうちに、体調を崩し、不眠、摂食障害、突発性難聴、狭心症、うつ、自立神経失調症などを患うようになってしまいます。ある日突然、パニック発作に襲われ出勤できなくなってしまったり、過労死のような悲劇に至るケースもあります。

私もワーカホリックタイプであることを自覚した出来事がありました。

20代に勤めていた小さな会社に人手が足りなくなり、私が誘った二人の友人と一緒に仕事ができることになったのです。さぞかし楽しくパワーアップできるだろうと期待していたのですが、仕事に対するスタンスは同じではありませんでした。私が会社の設立当初から関わっていたせいもあったかもしれません。

毎朝、私が乗っている通勤電車に、途中から乗ってくるようになった友人の方は、いつも

「おはよう」と言うのがやっとという感じで、まだ眠いのか、ほとんど会話がありませんでした。一緒に働くようになる前の彼女はいつも笑顔で、私は、そのように無愛想な彼女の顔を見たことがなかったので驚きました。通勤中も仕事について話ができるようになったと楽しみにしていたので、がっかりしてしまいました。彼女に限らず、通勤電車に揺られているほとんどの人が疲れた様子なのに、当時の私は毎朝やる気満々で通勤していて、彼女のテンションの低さを不快にさえ感じるようになりました。

もう一人の友人は、私の中学時代のクラスメイトでした。彼は、中学生の頃から、夏休みになると魚屋さんでアルバイトをしていたような人で、私はずっと尊敬していました。ところが一緒に仕事をするようになった彼は、5時を過ぎるとすぐに帰りたそうな顔になるのです。残業を無理強いするのも嫌だったので、「帰りたければもう帰っていいよ」と言うと、「じゃあ失礼」と言ってさっさと帰ってしまう彼に、私は呆れてしまい、「早く仕事を覚えようとは思わないの⁉」と内心では憤慨していました。

仕事に対するスタンス、価値観は、人それぞれで、二人の友人が不真面目だったわけではありません。でもその頃の私は、仕事はプライベートを犠牲にして全力投球するべきものだと考えていて、残業も休日返上も当然くらいに思っていたのです。クリエイティブな仕事をしていた父の仕事ぶりを見て育った私は、徹夜をしなければならないような仕事はごめんだと思って、平凡なサラリーマンを選んだはずだったのですが、結局は同じような仕事の仕方をしていたわけです。

私が頑張れば頑張るほど、同僚たちとの溝が深まっていくように感じられました。私以外はみんな穏やかな性格の人たちばかりでしたので、表立って喧嘩になるようなことはありませんでしたが、「なんでそこまで頑張るの?」と不思議に思われていたのでしょうし、ワーカホリックになっていた私は「頑張らなくちゃダメでしょう!」と思っていたわけですから、溝は深まるばかりでした。私は、同僚との温度差をつらく感じるようになっていきました。私が勝手に空回りしていただけなのですが、精神的に耐えられなくなり、会社を辞めてしまいました。

ワーカホリックになりやすい人の特徴の一つは「完璧主義」です。完璧を目指して頑張っているので、頑張らない人を見ると腹が立ったり、恨みがましい気持ちになったりもします。私たちはお釈迦様ではありませんから、自分に厳しく、他人には優しくとはなかなかできず、自分に厳しい人はどうしても他人にも厳しくなりがちです。それでは、良好な人間関係が構築できず、孤高の人になってしまいます。人間は独りで頑張っていても虚しくなるだけで、私もその虚しさに耐えられなくなってしまったわけです。

また、「こうあるべき」という信念に固執して生きていると、納得がいかないことが多くなり、常に怒りを抱えるようになります。**完璧でないことに対する批判的な気持ちがどんどん強くなり、常にネガティブな感情に支配されている不機嫌な人になってしまいがちです。**いつも不機嫌な人というのは、自分で自分の人生をつまらなくしているようなものです。

「ねばならない」「こうあるべき」という強迫観念のような考え方に支配されていると、いつも気持ちや時間に余裕がありません。次から次へとやらなければならないことに追われていて、休む暇もなく、いつも疲れています。そして、無理が祟って体調を崩したりうつ状態に陥ってしまうこともあるのです。完璧を目指すのは悪いことではありませんが、常に全力疾走では息切れを起こし、完走できないリスクも高くなります。マラソンをイメージするとわかりやすいでしょう。「ほどほど」に調整することができてこそ、本当の完璧なのかもしれません。

毒親とは距離をとりましょう

【相性　自立　お互いのために】

親が悪気なく、むしろよかれと思って、子供に何らかの精神的な圧力をかけてしまうのは、残念ながらありがちなことです。**子供を自分の分身や子分のように思っていたり、子供にも心があることを認めず、常に自分の感情を最優先させて、マイナスの影響ばかり与えてしまうのが「毒親」です。**でも、子供が成人した後は、さほど影響力を持たない親であれば、それは、「毒親」ではないと思います。

親子だからといって相性が良いとは限りません。自分の親が、残念ながら自分のプラスにならないとわかったら、自分の力と可能性を信じて、親元から脱出した方がよいと思います。影響力の大きい親には、どうしても囚われがちですが、自分の人生とは切り離して考えるようにしましょう。家を出た後も親があなたのもとに頻繁に訪ねてきたり、電話をかけてきたりして影響力を保とうとする場合には、親を振り払う勇気を持ちましょう。親からの抑圧がなくなれば、子供はもっと能力を発揮することができるようになり、将来は明るく開けていくはずです。

親子関係に限らず、夫婦関係でも、**自分がネガティブな感情にしかならない人からは、距離を置く、もしくは立ち去るに限ります。**相性が良い人であれば、喧嘩をしてもネガティブな感情しか残らないということはありません。ある程度の努力をしても改善されない相性の悪さは、解決のしようのないものです。価値観の違いが原因であることを認めて、それぞれの道を歩くようにする方がお互いのためです。

健全な親子関係

もしも親から「こんな子供を望んでいなかった」などと言われたら、子供の方こそ親を選べないどころか、生まれることだって望んだわけではないと言いたいものですよね。「子供は人類みんなの宝」という考え方があるように、子育てとは、子孫繁栄の摂理によって産んだ子供が大人になるまで、預かり育てているだけのことではないかと、私は考えています。親が、食べ物と着る服と安全に眠れる場所と、学校で学ぶ機会を提供してくれたことには、感謝したいものですが、恩に着せられることではないと思います。

たいていの親は、子供が大人になってからも、何かにつけて子供のことで一喜一憂したり心配をし続けますが、たいていの子供はそんな親心を知らずに、自分の世界を切り開くことに無我夢中で、普段は親の存在を顧みることはなく、何かあったときに、ふと昔のできごとや親の教えを思い出す程度です。でもそれこそが、健全な親子関係なのではないでしょうか。

子供は親とは全く別の人格で、親にはない能力や可能性を秘めています。親の価値観や経験則で、子供の可能性を摘み取ってしまうことがないように心がけることは、子供が社会に出て困らないように躾けることと同じくらい大切です。

私の自立

私の親は、「子育ては自立させるための期間」という意識を持っていましたし、子供に期待したり、進路を強制するようなことも、一切ありませんでした。しかし、子供の能力や心を見極めることは、あまりできていなかったような気がします。

いつも不出来な私にイライラしていた母からは、「同じことを何度言ってもわからないあなたの頭をかちわって見てみたい」と言われたこともあります。私は、何を言われても気にしないようにしていましたが、自分は人一倍ダメな子なんだといつも惨めな思いをしていました。最近になって父から、「もっと頭の良い子だと思っていた」と言われたときは、相変らずの言葉の暴力だと思いながらも、子供の頃の自分には無理な要求をされていたんだとわかり、なんだかホッとしました。

私は小学生の頃から、自分は幸せになれないと感じていたので、「早く死にたい」と祖母に訴え、中学生になった頃は、「こんな家は早く出たい」と考えるようになり、思春期には当然、親に反抗するようになりました。親は「思春期は病気のようなものだ」ととらえていて、私をまともに相手にしなくなりました。親の対応がガラリと変わり、それまでは門限にも厳しかったのに、電話さえすれば外泊もおとがめなしになり、拍子抜けしたくらいでした。親が、幼い頃に甘く育てておきながら、思春期になってから厳しくするのは間違っているという考え方だったおかげで、高校生になってからの私は、学生生活を思う存分楽しめるようになって、初めて「自分の人生を楽しもう」という希望と欲を持てるようになりました。

外では楽しめるようになりましたが、家では相変わらず不愉快な気持ちになることが多かったので、短大を卒業すると同時に就職をして、家を出ることにしました。

いつも無計画に思いつきだけで行動しては、両親に呆れられていた私でしたが、家を出るにあたっては、生まれて初めて綿密な計画を立てました。早朝から夜遅くまでアルバイトで軍資金も稼ぎました。私の両親は何かにつけて「自立！　自立！」と言っていたので、私が家を出て彼と同棲することによって、両親との気まずさが増すようなことにはならないと思っていました。しかし、なんとなく言い出しにくくて、両親には何も話さず、簡単に自分の身の回りの荷造りをすませていたところ、それを見つけた母から「こんなに早く家を出ていくつもりでいたなんてショックです」というようなことが書かれた手紙をもらい、意外に思いました。母は、私が独り立ちする前に料理などをもっと教えておきたかったようですが、「ダメな子」だった私も、家を出たら人並みに家事ができるようになっていました。

親から脱出するように家を出てからの私の人生の第二幕は目まぐるしくて、20代後半頃から親の存在はほとんど意識しなくなり、子供の頃からの息苦しさからもすっかり解放されました。

社会人になって、私を認めてくれる人たちに恵まれ、自分に自信が持てるようになり、自己肯定感を育むこともできたおかげで、家を出て23年後に、図らずも出戻り娘になってしまった頃には、親からの愛情を受けとめることもできるようになっていたようです。

お互いのため

私のように、実家を出たことで自然に互いの嫌悪感が薄れて、良好な親子関係を再構築できるケースは少なくありません。何の問題もないような家庭でも、実の親子関係は難しいものです。血が繋がった親子であっても相性の良し悪しがあり、遠慮がない分、衝突も起きやすいとも言えます。**どうしても理解し合えず、両親との生活に生きづらさを強く感じ続けているのであれば、親を傷つけるのではないか、怒らせるのではないか、見放されるのではないかという恐れを振り払って離れて暮らす方が、自分のためにも親のためにもなるようです。**

自己評価を上げる方法

【セルフイメージを捨てる　褒められ体験　達成感】

自己評価が低い人は、「このくらいできるはずだ」とか「このくらいできるような人にならなければいけない」というようなセルフイメージを捨てましょう。セルフイメージが高すぎると自己評価が低くなってしまうからです。そして**褒められ体験ができる環境に身を置くようにしましょう。**できれば、好きなことや得意なことを仕事に活かせるような職場を選ぶとよいでしょう。そして、褒められたときは「そんなはずはない！」などと思わずに、**素直に受け止めるトレーニングをしてみる**とよいですね。

日本では、謙遜が美徳とされますが、**自己評価が低い自覚がある人は、謙遜するのはやめて、褒められたら大いに真に受けて喜ぶようにしましょう。**

また、目標を立てるときは、最終的に到達できればよいと考えるようにしないと、途中で挫折してしまいがちです。まず、**ちょっと頑張ればクリアできそうなハードル（目標）を設定し、クリアできたらホッと一息入れて、自分にご褒美**をあげるようにして下さい。ちょっぴり贅沢なひとときを過ごしてみるのが効果的です。おいしいスイーツを食べるとか、欲しかった物を買うとか、マッサージに行くなどです。それから次のハードルを設定して挑戦するようにします。これを繰り返していけば、最終的に目標に到達することができる上、達成感を感じやすくなるので、自己評価のアップに繋がります。**達成感を感じることが全くないと、どんどん疲弊してしまいます。達成感を感じることは、モチベーションを維持するためにも不可欠です。**

山登りも、休むことなく目の前の坂道を登るだけでは苦行になってしまいますよね。疲れたら休憩しながら景色を見下ろすことで、「ここまで登ってこられた」という達成感が得られ、元気をチャージすることもできます。それを繰り返していけば、麓からは遥か彼方に見えていた頂上まで辿り着き、疲れも吹き飛ぶような爽快な達成感を味わうことができるわけです。

素直に喜ぶ

自己評価が低いと、達成感を得ることができないので、常に焦りや不安、自己嫌悪感といったネガティブな感情に支配されるようになります。**自己評価が低い人は、他人からの評価を信じることができずに、自分にダメ出しをしてばかりいるため、頑張れば頑張るほど、ストレスが大きくなるのが特徴です。**

また、**自分の限界を自覚することが苦手なので、がむしゃらに努力し続ける精神力の強さがマイナスに作用し、肉体的にも精神的にも過労状態に陥りやすい傾向が見られます。**

自己評価が低い人は自分にとても厳しいので、褒められても「そんなはずはない、自分はダメだ」「もっと頑張らなければ」と思い込んでしまう癖があります。自信のなさから、自分の能力や努力を正当に評価できなくなっているからです。しかし、自己評価が低い人は努力家なので周囲からは高く評価されているものです。

そう思えないのは、褒められたら自分が甘やかされてダメになってしまうのではないかという恐れがあるからではないでしょうか。**自分にダメ出しばかりしているような人は、人から褒められ過ぎてダメになるような心配はありませんから、安心して素直に喜んで下さい。**褒められる↓喜ぶ↓また頑張りたくなる↓褒められる、という連鎖を繰り返していくと、自然に自己評価が上がり、正常になります。

自分を正当に評価する

自己評価が低い人のお話を伺ってみるとほとんどの人が、子供の頃に褒められた体験が少なかったことがわかります。

赤ちゃんは、顔立ちや体型、体質、運動能力など、生まれつきの個体差はありますが、ほとんど同じ純真無垢な状態で生まれてきます。オギャーと生まれた瞬間から、周囲を取り巻く大人たちからの影響を、まるでスポンジのように吸収しながら成長し、性格もほとんど後天的につくられていくものなのではないかと思うのです。

褒められる機会に恵まれて育った人は、褒められれば素直に喜べますし、もっと頑張ろうという気持ちにもなれるわけです。ところが褒められる機会に恵まれないとどうしても自信が持てなくなりますし、悲観的になりがちです。だから褒められても、「お世辞ではないか？」とか「そんなはずはない」などとネガティブに受け止めてしまい、ポジティブに喜ぶことができないのです。

また、褒められ慣れていない人は、褒められると、嬉しいどころか、プレッシャーさえ感じてしまうようです。「褒められることが嬉しいから頑張ろう！」ではなく、見捨てられ不安のような強迫観念に襲われて「もっと頑張らなければならない」と焦ってしまうのです。優越感に浸ったり、現状に甘んじることなく常に向上心が強いのはとても良いことなのですが、**頑張った自分を正当に評価することができないと、頑張りの原動力が喜びや希望ではなく、不安や焦りとなり、達成感とは無縁になってしまいます。これでは、頑張っても頑張ってもまるで底なし沼のように、苦しくなるばかりです。**

自己評価が低いこと自体は病気ではありませんが、疲れ果ててしまい、パニック発作を起こすようになったり、うつ病などの精神疾患に進行してしまう可能性もあります。

自己評価の低さは、実際の能力や努力とは無関係で、生まれ育った環境からつくられた性格的なものです。自分の偏っているとらえ方を修正しようとさえすれば、自己評価を上げることはできるのです。

自己評価は下がるときもある

私は褒められた記憶が少ない「ダメな子」でした。自己評価が低い頑張り屋タイプではなくて、本当に「ダメな子」で無気力な子供でした。就職して自力で生活費を稼がなくてはならなくなって、初めて「ダメな子」のままではまずい、とにかく頑張らなければという不安と焦りでいっぱいになりました。社会人としては、自己評価が低いところからスタートしたのです。

ところが、親元を離れてから、度々褒められる機会に恵まれるようになりました。最初は褒められるとびっくりしていたくらいでしたが、嬉しくなり「もっと頑張ろう！」と思うようになりました。社会人になってからの10年間は、褒め上手な上司たちに巡り合うことができたおかげで「ダメな子」のコンプレックスが軽減され、段々自信が持てるようになり、子供の頃にはあまり味わったことがない達成感も得られるようになりました。

ところが30歳のときに初めて「親の七光り」を利用した転職先で、自意識過剰によるプレッシャーと自信喪失が相まって、ヒュ～ンと自己評価が再び下がってしまったこともありました。誰でも大きな挫折をすれば、一時的に自己評価が下がることもあるものです。そんなときは、過去を振り返って、もっとつらいときもあったし、それを乗り越えてきたではないかと自分に言い聞かせて、自信を取り戻しましょう。気分転換に自然の中へ出かけてみることもお勧めです。広い海や空を眺めていると、自分の悩みがちっぽけなものに思えてきたりするものです。

ユーモアも必要

「やらされ感」や「強迫観念」ではなく、ゲーム感覚で自分のハードルを設定できるようになれば、誰かに褒められなくてもへっちゃらで、独りでも楽しみながら頑張れるようにもなります。そのためにはやはり、自分で自分の努力や成果を正当に評価できる、正しい「自己評価」（客観性）が必要になります。**批判することが客観的な評価だと誤解されがちなようですが、良い面もちゃんと認められるのが正しい評価です。**

もう一つ大切だと思うのは、ユーモアです。人の心を和ませるような笑いを誘う洒落のセンスです。笑いは、免疫力を上げたり、ストレスホルモンを減らすという研究結果があります。また、人間関係の潤滑油にもなります。些細な物事を面白おかしく表現するには、心の余裕が必要なので、ユーモアを持てるかどうかは、自分の状態を知るバロメーターの一つにもなるかもしれませんね。

といっても私には残念ながらユーモアのセンスが全くありません。ですが、ドジをよく踏む私の様子が、人からはおかしく見えるようで、よく笑われたりからかわれたりします。何であれ、人が楽しそうなのを見るのは好きなので、笑いのネタを提供するつもりで、ドジったことを隠さずにあえて話したりしています。そうすることで、自分も深刻になったり、落ち込んだりせずに済んでいるような気もします。こんなにドジった話ばかりしていると、信用されなくなってしまうかもしれないなぁ、などと思ったりもするのですけれど。

子供はコーチングで叱る

【怒ると叱るの違い　アンガーマネジメント】

「怒る」と「叱る」の具体的な違いをイメージできますか。**「怒る」のは自分の感情を表現する行為です。「叱る」のは感情表現ではなく、相手を成長させる行為です。**「怒る」行為は単純ですが、**「叱る」にはコーチング・スキルが必要**となります。

「コーチング」の語源である「コーチ」は、人や荷物を目的地まで運ぶ馬車のことだそうです。お洒落なバッグのブランドとしてご存じの方も多いでしょう。人を目的地まで運ぶ馬車のように、人をどうやって目標に到達させるかを考えるのが「コーチング」で、上手に誘導するために必要となるのが「コーチング・スキル」です。**相手の状況や能力、思考、性格などを考慮しながら成長を促し目標地点まで誘導します。**「怒る」のは自分の感情を伝えることが目的になりますから、「コーチング」とはいえません。

子育てにおける親の躾や教えは、オンタイムで開花しないことも多いですが、癇癪を起こしたり、叱を投げてしまったりせずに、その時々の子供の能力に合わせ、タイミング良くわかりやすいメッセージで繰り返し教えてあげて下さい。何かに夢中になっている子供に、言葉を投げかけてもキャッチされませんし、カーブや変化球、剛速球のようなメッセージも、正しく理解され難いものです。また、自分より体が大きな大人から、大声で怒鳴られたり、冷たくされると、大人の想像以上に子供は恐怖を感じます。そんな**パニックになった頭では、親の言うことを正しく理解することもできません。ただただ親の怒りが収まることを考え、親の顔色ばかりをうかがうようになり、物事を自分で考えたり、判断したりすることもできなくなってしまいます。**

投げかけられた言葉を子供がちゃんとキャッチできる状態かどうか、様子を見ながら叱るタイミングを見計らって、どう言えば伝わるのか言葉を選んでいるうちに、イライラした気持ちも冷静になってくるのではないでしょうか。

アンガーマネジメント

「アンガーマネジメント」は、強い怒りの感情が生じても、状況を客観的にとらえることで、感情を適切にコントロールし、問題解決を図れるようになるスキルです。子供の様子を観察しながら、叱るための適切なタイミングを考えているうちに冷静になれるのも、アンガーマネジメントです。

親であっても感情を持つ人間ですから、子供に対して全くイライラしないというのは無理なことです。しかし、そのイライラをそのままぶつけてしまうようでは、自分のイライラを解消させることが目的になってしまいます。またイライラが重なると、子供のためを思って「叱る」つもりが、「怒り」を爆発させるだけに終わってしまいがちです。

自分の中にイライラや怒りの感情が生まれたら、まずは深呼吸をして、掌に文字を描いたりしながら6つ数えます。次に自分がこんなに怒るほどの価値があることかどうかを考えてみます。たとえば、学校に遅刻して恥をかくのは、自分ではなくて子供である、自分の問題ではなくて子供の問題であるという具合に考え直してみるのです。するとたいていの場合は、自分が

怒るような問題ではないということがわかってきます。怒りを抑え込むのではなく、怒る気にならなくさせるのが、アンガーマネジメントです。

そして、**なぜ子供がそうしてしまうのか、子供の立場になって考えてみたり、いつ、どんな言葉がけが一番理解されやすいか、作戦を立ててから伝えるのが、コーチングです。**また、くどくどと伝えるのではなく、サクッと叱る方が、子供は、受け止めやすいものです。それは大人同士でも同じはずです。

これらを心がければ、自然に「怒る」ではなく「叱る」になるでしょう。「怒り」はインパクトが強すぎるので、子供を緊張させてしまったり、嫌悪感だけが伝わってしまい、肝心なことが伝わらなくなってしまいます。「怒り」は私たちが持っている感情の中で、一番強力なパワーを持っているため、怒りの感情を相手にぶつけると、相手も傷つきますし、自分も傷つきます。だから後味も悪く自己嫌悪を感じることになるのです。

「叱る」ことができるようになれば、自分には「コーチング・スキル」があるという自信にも繋がりますし、自己嫌悪を感じなくて済むようになるでしょう。「コーチング・スキル」は、子供にだけでなくパートナーや部下に対しても、あらゆる場面でとても役に立つものです。

嫌悪感ばかりで理解できない

私の両親は子供相手であっても、大人相手と同じように剛速球を投げてくることが多かったので、私は「怒られている」という焦りだけで頭がいっぱいになってしまい、肝心なことは受け止め損ねてばかりいたような気がします。

たくさんある決まりごとの中で、一番の重罪は嘘をつくことでした。嘘をつくと容赦なく頬を叩かれました。私自身はよく嘘をついていましたが、何故か「両親は絶対に嘘をつかない」「両親はいつも間違ったことを言わない」と固く信じることができていました。それは、両親が真摯に子供に向き合っていたおかげだと思います。けれども、私も嘘をつかなければ、親からの信頼を得ることができて、それが平穏な生活に繋がるということが、私には全く理解できていなかったのです。

毎日朝から晩まで叱られてばかりで、私はうんざりしていました。ずっと専業主婦だった母も、さぞかし日々うんざりしていたことでしょう。母からは「何回言われたらわかるの！」と呆れられていたのですが、能力的にも性格的にも不得手でできないことばかりを要求されるわけですから、いくら怒られてもなかなかできるようになれませんでした。

あるとき、私は母から生卵を額に投げつけられたこともありました。痛みはたいして感じませんでしたけれど、グシャッとおでこで卵の殻が割れて、中身がどろ〜っと顔面を流れ落ちていった感覚は今でも覚えています。なぜそのようなことになったのかも忘れてしまいましたが、ひどく惨めな気持ちでした。そのときは、さすがにやり過ぎたと思ったらしく、珍しく母が「ごめん」と言ったことも忘れられません。物を投げつけられたのはそのときだけでした。

ダメな子だった私も大人になり、ようやく母の教えを実行できるようになったことはたくさんありますし、今となっては、根気強く躾けてくれたことに感謝できるようにもなりました。

母の育児日記を今読み返してみると、母が私の言動をとても興味深く観察し、いろいろ工夫しながら育ててくれていたことがよくわかります。しかし当時の私は、もちろんそんなことはわかっていませんでした。私が幼い頃に初めて描いた4コマ漫画は、「家出してやる〜！」だったらしく、母はとてもショックを受けたそうです。また私は、「パパとママが乗った飛行機が墜落して、二人いっぺんに死んじゃえばいいのに」などと不謹慎なことまで言っていたようです。それを聞いた両親は笑って受け止めてくれていたそうですが、私は、怒ってばかりの両親に、小さい頃からそこまで嫌悪感を感じてしまっていたのです。

大切な我が子にこそコーチング

まだ未熟な子供に、大人の自分と同じようにできて当然と考えていては、イライラが募るばかりで、「叱る」ではなく「怒る」になってしまいます。そうなると、子供は傷つくだけで、親からのメッセージを受け取ることができません。親も怒ってスッキリするのかといえばそうではなく、どっと疲れたり、気分が悪くなるだけです。私にとっては「怒りん坊のママ」でしかなかった母も「怒ってばかりいて嫌になっちゃう」と嘆いていました。

「こうあらねば」という自分の基準に囚われてイライラしがちな「ネバネバ星人」はやめて、

柔軟な気持ちでコーチングができる「ゴム星人」に変身できれば、もっと子育ても楽になるのではないかと思います。

企業でも、人材育成を重視し「コーチング・セミナー」を社員教育に取り入れているところが増えています。社員の個性を見極めて、それぞれが秘めている可能性をいかに引き出すかが、企業利益にも繋がると考えられるようになったからでしょう。社員に入れ替わりは付き物ですが、我が子は唯一無二です。子育てにこそ「コーチング・スキル」の活用をお勧めしたいものです。

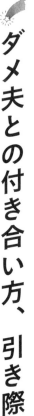

ダメ夫との付き合い方、引き際

【完璧を求めない　できていることに目を向ける　相性】

「ダメ夫」の定義は人それぞれに異なりますし、状況によっても異なると思います。偉そうに「ダメ夫」などと思っていても、実は相手からも「ダメ妻」だと思われているかもしれませんし、「ダメ夫」だと決めつけていることで、「ダメ夫」にしているのかもしれません。私が離婚した二人の夫は正反対のタイプでした。しかし私は、どちらに対しても「ダメ夫」だと感じることが多かったのです。思い返せば二人ともとても優しくて、尊敬できるところがたくさんある人だったにもかかわらずです。

人には得手不得手があって当然です。自分が苦手なことが得意な人だと尊敬したり羨ましく思ったりする一方で、自分が努力せずにできることなのにできない人を見ると、呆れたり批判したりしがちです。まずは、**完璧な夫婦像を求め過ぎて、勝手に苦しむのはやめましょう。そして、ささいなことでも、当たり前だと思っていることでも、できていることに目を向けて「ありがとう」を伝えると、不思議なほど「良い夫」に変わったりもします。**心にもないことを言うなんて無理！　などと言わないで女優になったつもりで試してみてください。

でも、夫の存在が、どうにも自分の生活に支障をきたしていると感じているようなら、離婚する方がよい場合もあります。**相手の良さを引き出せずに、ダメなところばかりを引き出しがちな残念な相性もあるのです。**自分には「ダメ夫」にしか思えないような人でも、他の人にとっては「良い夫」になり得る可能性もあります。親子の縁は変えようがありませんが、夫婦の縁は取り替えが利くと考えて、長い間我慢したあげくに、ののしり合うようになったりする前に、お互いの幸福のためにも、離婚をすることは決して悪いことではないでしょう。

もちろん子供たちには申し訳ないことですが、不仲な両親が揃っているよりも、良きパパとママとして別々に存在する方が、子供にとっては良いかもしれません。私はそのような離婚を**「発展的離婚」**と称しています。

ピーターパンのような夫

私の一人目の夫は、高校時代に知り合って2年間付き合い、「運命の人」だと確信した人でした。短大卒業と同時に同棲を始め、3年後に入籍しました。彼は無口で物静かな人でした。自己主張が全くないわけではなく、物事に対してこだわりの強いところもありました。一方で人に対しての執着や邪心が全く感じられない穏やかな人柄に、私はとても魅力を感じていました。彼は私の話を実によく聞いてくれて、今思えばまるでカウンセラーのようでした。けれども私は常に彼がどう思っているのかを聞きたがり、物足りなく思っていました。私の方が、彼が話しやすいように心を砕いていなかったせいもあったように思います。

結婚してからも彼は私からの要望には全て、文句一つ言わずに応じてくれていました。しかし、自分からは何もしようとしてくれませんでした。指示待ち人間なんだと割り切れていたなら、とても便利で有難い存在だったはずなのに、私はいつもイライラしていました。

夫はアメリカにずっと憧れていて、32歳になったときに「アメリカに行きたい」と言い出し、仕事を辞めてしまいました。それまでは、積極的に計画を立てて実行するようなことなどほとんどなかった夫でしたが、いつの間にか、カリフォルニア州の語学学校への留学の手続きを取っていて渡米したのです。夏休みにアメリカに会いに行ったとき、日本ではいつも受身だった夫が、ずいぶん積極的にたくさんの経験をしていることに驚きました。

やがて夫は、どうしたことか語学学校を辞めてしまい、アメリカ在住の知人宅を転々と放浪するようになりました。住所不定になってしまった夫に、こちらからは連絡を取ることができなくなってしまったわけです。彼は大人になっても、何にも縛られずに自由に生きたいと強く願う、ピーターパン・シンドロームだったのかもしれません。

そんな夫からの連絡はほとんどなく、せっかくエアメールで届いたハロウィンのカードにも「元気?」の一言もなく、名前しか書かれておらず、かえって腹が立ちました。クリスマス・イブにも翌日にも、夫からの電話はかかってきませんでした。夫は日本で暮らしている私のことなんて、すっかり忘れていたようです。私は相変わらず仕事に追われて働いているのに、夫は自由気ままにアメリカ生活を楽しんでいるということに、だんだん納得がいかなくなってきました。せめて、もう少し私のことを気にかけてくれていたら、そんなに腹も立たなかったと思います。珍しく電話がかかってきたかと思えば「送金を頼みたい」という電話でした。私は呆れてしまい、「いいかげんに帰ってきて！」と怒って電話を切りました。

日本を飛び出してから8カ月後に夫は帰国しましたが、帰国してから1カ月以上、仕事を見つけようともせずにのんびりしていたため、イライラした私にせかされてやっと就職したほど、彼はすっかりダメ夫に変わっていました。

さらにそれから3年後、夫はまたアメリカで生活したいと言い出しました。しかも今度は、「もう日本に戻ってくるつもりはない」と言うのです。「アメリカの空気を吸って生きていきたい」と言われ、私は唖然としました。「行かないで！」と引き止めたら、夫は諦めるだろうとは思いました。でも、夫がせっかく主体性を持てたのに、私の一言で諦めさせてしまうのは、私としても不本意でしたので、「アメリカ行きの資金は自分で作ってね」という条件で、私は夫のアメリカ行きに同意してしまいました。

私は、現実はそんなに甘くないと考えていました。合法的にアメリカへ移住できるようになるまでは、私が日本に残り、拠点を守り続けることを当然のように思っていましたし、夫も「一緒に行こう」とは言いませんでした。

本当はアメリカに行って欲しくない気持ちを我慢して、「理解のある妻」を演じようとしていた私は、夫に対して優しい気持ちになることができませんでした。夫の自由を認めたい気持ちと、16年間もかけて築いてきた二人の生活を断念することへの抵抗感が、私の心の中で激しく葛藤していたのです。夫は、「グリーンカードが取れたら呼ぶからね。それまでは、強制送還されない限り日本に戻るつもりはないよ」と言って旅立ちました。楽天家の私でしたが、なんの保証もないのにそのようなことが言える夫を、疑うつもりはありませんでしたけれど、信頼することもできませんでした。それでも私はそのときは離婚するなんて考えていませんでした。私たちには、距離に負けない絆があるという思いがあったからです。

しかし、夫がアメリカの生活にどっぷりつかってしまい、また私のことなどほとんど思い出すこともなくなってしまうのだろうと思うと、我慢ならない気持ちがどんどん大きくなっていきました。数カ月後に私がエアメールで離婚届を送り、正直な想いを伝えたとき、驚いて電話をかけてきた夫の声が涙声になっていることに、私はとてもびっくりしました。夫がそんなふうに感情を表すことはなかったからです。

夫は、私と離婚してから、アメリカでタイ人と再婚をして、家も購入、子供にも恵まれ、夢を全部叶えたようです。行動力があるようで実は保守的だった私より彼の方がずっと主体性も行動力もあったのです。未熟だった私の短気が彼を「ダメ夫」にしていただけのような気がします。

包丁争奪戦

40歳になって再婚した二人目の夫は、20代からの知り合いでした。彼は、元プロのミュージシャン（ドラマー）で、主体性も行動力も感じられる眩しいほどの人でした。5歳年上の彼は、前の夫とは対照的で、傾聴のカウンセラータイプではなく、コーチングタイプで、いつも私の話を面白がって聞いてくれて、必ずリアクションを返してくれました。そのレスポンスの良さが、若かった私にとってはたまらない魅力でした。

しかし、しばらくぶりに再会した彼はC型肝炎を患っていて、私は彼を支えたいと思うようになり同居することにしました。その後彼はうつ病も発症して仕事を辞め、アルバイトさえも続かず、あげくに薬物依存症にまでなってしまったのです。

私は、彼の回復を願い、なるべく彼の好きなようにさせてあげたいと思っていました。けれども、腫れ物に触るような扱いや、自分の考えを曲げるようなことはしなかったため、たまに派手な喧嘩になることもありました。

ある日のこと、喧嘩の原因はもう覚えていませんが、彼がかなりイライラしていたのに、私がしつこく言い返していたせいでしょう。怒りを抑えられなくなってしまった彼は、何を思ったのか、突然大きなガラス瓶をふりかざして、自分の頭に思い切り打ちつけたのです。彼の額からボタボタと血が流れ落ちたのを見て、私は慌てて救急車を呼びました。

明け方、近くの救急指定病院で額の傷を数針縫った彼と、一緒にタクシーで帰宅しました。

救急車に乗り込むときは、「健康保険証を持って出るのを忘れないようにしなくちゃ」などと、自分では冷静でいたつもりでしたが、玄関を開け、家を飛び出したときのままのキッチンの惨状が目に飛び込んできたときは、気が動転してしまいました。血だらけの床一面に、粉々に割れたガラス瓶の破片と、瓶に入れていたキャットフードが散乱していたのです。

私は、かがんで後始末を始めたら泣けてきてしまいました。救急車の中では、「ごめんね」を繰り返していた彼でしたが、メソメソと泣いている私に苛立ったようで、「いつまでも泣いてんじゃねぇよ!」と怒鳴りました。喧嘩をしても、私に対しては、そのような罵声を浴びせることは一度もなかった彼の豹変ぶりに愕然としました。

これもまた喧嘩の原因が思い出せないのですが、彼が「頭にくる女だな!」と言いながらベッドで私に馬乗りになり、私の首を両手で絞めたこともありました。私は自暴自棄のような気分になり、何も抵抗せずに、されるがままでいました。彼に首を絞められた私が、気を失っていたのかどうかも定かではありませんでしたが、ハッと気が付いたら、彼はキッチンに行き、包丁を持ち出していました。そして、私ではなく自分の胸を刺そうとしたのです。

私は必死で彼から包丁を奪い取って庭に投げ捨てました。そして、110番の電話をしながら横目で彼を見ていたら、また別の包丁を持ち出そうとしていたので、住所を伝えかけていた受話器を放り投げ、彼から包丁を奪い取ろうとして取っ組み合いになりました。私が満身の力を込めて、必死に彼につかみかかったら、彼のTシャツがビリビリに破れてしまったほどの激しい攻防でした。

やっとまた包丁を奪い取り、庭に投げ捨てて、通報の続きを始めたら、彼がまた別の包丁を持ち出そうとしているではありませんか。私は彼のところにすっ飛んでいき、また包丁を奪い取って庭に投げ捨てました。何しろ腕っ節の強い相手でしたから、私は後にも先にも、あのときほど力を振り絞ったことはありません。

通報を受けて警察官がかけつけてきた頃には彼も力尽きた様子で、落ち着いて静かにしていました。落ち着いてきた私たちの様子を確認した警察官は、「何かあったら、また連絡を下さい」と言い残して帰っていきました。

このように私たちは、一歩間違えたら、とんでもないことになりそうな激しい喧嘩をすることもありましたが、基本的には仲良く暮らし続けていました。私は彼が元の元気な彼に戻ることを、ひたすら信じていたのです。彼も、私のその思いを感じていなかったわけではないと思います。むしろ、私の強い期待が、ますます彼を追い詰めてしまっていたことを私はわかっていませんでした。よかれと思ってやったことが、夫のダメなところばかりを引き出して「ダメ夫」にしてしまう、「共依存」という残念な相性だったのです。

動物園だと考えてみる

私は、人間社会は動物園のようだと思っています。ライオンもいればウサギもいる。ライオンがウサギに「どうしておまえさんはそんなに臆病なんだ?」と問うても、逆にウサギから「どうしてあなたはそんなに恐ろしいんですか?」と言われても困りますよねぇ。様々な動物がいるから動物園なわけで、人間社会も実に様々な個性で成り立っているのだと思うのです。そう考えるとたいていの人のことは笑って許せるのではないでしょうか。そして、相手の個性を尊重できるのではないでしょうか。

夫婦関係においても、相手の「ダメ」に見えている部分を個性としてとらえることで、笑って許せるようになることもあると思います。ダメ夫のレッテルを貼り、責め立てて嫌悪感ばかり募らせて関係を悪くするよりも、まずは自分のとらえ方を変えてみたらよいのかもしれません。それでも、どうしようもない場合は、執着せずに離れればよいのです。

「頑張ってもダメな場合もある」という諦めも大切

【執着を手放す　ほどほどに　人生はマラソン】

「頑張れば報われる」と信じることは、希望を持つことであり、自分の人生を切り開いていく上で、とても大切なことです。しかし、残念ながら「頑張れば必ず報われる」とは限らないのが人生の厳しさですね。当たり前のことのようですが、そのことをなかなか受け入れられずに苦しみ続けてしまう場合もあります。

いろいろ努力してみても、なぜかうまくいかない人間関係は、あなたのせいばかりではありません。人間関係の半分は相手の問題でもあるのです。怒りのような負の感情が芽生えてつらくなったら、いったん離れてみると何が問題だったのかがわかります。できればしばらくの間、他の人と行動を共にしてみてください。もしも、負の感情が消えるようなら、その人との関係に無理があったということです。「執着」を手放すことで違う世界や別の可能性を手に入れることができます。結果が伴わない相手にいつまでも執着し続けていたら、次のチャンスを逃してしまうことにもなります。歳を重ねれば、誰でも変わっていきます。もしも縁がある人なら、無理に繋ぎ止めておこうとしなくても、いつか違った関係で再会できる機会が訪れるはずです。

ほどほどに

私たちは、心の余裕を失っているときが一番つらいものです。何事においても心がけたいのは「ほどほど」です。頑張り屋さんには、「ほどほど」は難しいことかもしれません。怒りのような負の感情が芽生え始めたら、「頑張り過ぎではありませんか？」と自分にお伺いを立ててみましょう。「頑張ればもっとできるはず」などと思わずに、「オーバーヒートしてしまう前にちょっと休んだ方が先に進める」と考えるようにして下さい。

仕事も家事もスポーツと同じで、大変な思いをしていても、何のために頑張るのかを納得できていれば、「やらされ感」がないので、苦にはならず、爽快感や達成感を得ることができます。けれども「やらされ感」があると、疲労感と共に負の感情も湧いてきて、爽快感や達成感を得ることができなくなります。やりたくなくてもやらなければならないのが仕事というものですが、誰からもそこまで要求されていないのに、勝手にやらされてしまうのが、頑張り屋さんの特徴でもあります。

頑張り屋さんにとっては「ほどほど」加減を意識するより、がむしゃらに頑張ってしまう方が簡単なのもわかります。しかし、**負の感情に襲われるようになって自滅してしまわないために、「ほどほど」にする習慣をつけることは大切なことです。**もしも自分の判断に自信が持てないようでしたら、誰かに相談して客観的に判断してもらいましょう。そして、場数を踏みながら、「ほどほど」の感覚を身につけるようにしましょう。

夫がうつ病を発症し、薬物依存に

私は、40代になってから「頑張ってもダメなこともある」と思い知らされました。二人目の夫は、C型肝炎のインターフェロン治療の副作用でうつ状態に陥ってしまっていたので、私は、何とか支えようと必死でした。ところが、夫のためを思ってしていたことが、全て逆効果になってしまっていたのです。

夫は一年半の休職期間中、傷病手当金を受け取りながら、一日中ベッドに寝そべっていた時期もありました。ワーカホリックだった彼は、やっと激務から解放されて楽になったはずなのに、ずっと沈み込んだままでした。主治医から100%完治には至らなかったけれど、仕事を再開しても大丈夫と告げられたものの、彼は要職に戻ることを拒否して退職してしまいました。彼は、オールオアナッシングの人だったのです。しばらくはうつ状態が続いていましたが、やがてアルバイトに出かけるようになりました。

ある日、マンションの賃貸契約の保証人になっていた父から、「どうしたんだ？ 不動産屋から電話があったぞ」と言われて、私は初めて家賃を滞納していたことを知り、ビックリしました。余裕を見て2カ月分の生活費をプールしておいた預金口座でしたが、いつの間にか残高不足で、家賃の引き落としもできなくなっていたのです。夫はパチンコもしませんでしたし、浪費家ではありませんでしたが、実は抗うつ剤代わりに1本千円もする咳止めシロップを毎日飲み干しながら、出勤していたのです。

家の中に咳止めシロップの空き瓶がゴロゴロ目につくようになり、不思議に思い、町内で一軒だけの薬局に聞きに行って、咳止めシロップには覚醒剤に似た高揚感が得られる成分が含まれていると知り驚きました。彼はどうしようもないうつ状態を咳止めシロップでまぎらわせて、無理にテンションを上げてアルバイトに出かけていたのです。店員さんは咳止めシロップを大量に飲み続けることによる、肝機能障害を心配していました。猫とマタタビのように、ある特定の物質に身体が反応し、なかなかやめられなくなる「薬物依存症」も精神疾患のひとつです。薬物依存と聞くと、違法な麻薬を連想される方が多いと思いますが、市販の鎮痛剤、ライター充塡用のガス、ゴムの臭いなど、「嗜癖」（欲求をコントロールすることができなくなる）の対象物は様々です。

夫のC型肝炎の症状はほぼ治まったというのに、今度は薬物依存症になってしまったことがわかり、愕然としました。けれども「頑張れば報われる」と信じ込んでいた私は、夫の薬物依存症も、自分が頑張れば何とかなると思いました。そして私は、複雑な彼をもっと理解したいと思い、心理学を学ぶために夜間大学に通い始めました。大学で勉強をしていくうちに、依存症は薬では治すことができない精神疾患であり、メンタルクリニックなどの医療機関でも治療できないと言われることさえあるような、厄介な病気であることもわかりました。それでも回復している人たちが存在するのだから、夫も回復させることができるはずだと、私は信じて疑いませんでした。

家賃を払えなくなってしまったことで、私たちはすぐに長年借りていた部屋を立ち退かなくてはなりませんでした。不思議に思われるかもしれませんが、私は腹が立ちませんでした。彼の心の病のせいだと思えるようになっていたからです。私たちは一切揉めることもなく一緒に引っ越しの荷物をまとめ、それぞれの実家に身を寄せることになりました。このときの私はまだ、離婚しようとは全く思っていなかったのです。一時撤退はするけれど、態勢を整え次第、二人で暮らすための安い家賃のアパートを探すつもりでいたからです。私はこれまでとは違う、もっと良好な関係を模索していきたいという思いが、まだ残っていました。問題は全て彼の精神疾患のせいであり、病気こそが私たちが立ち向かうべき共通の敵だという思いがあったのです。そして、私は、「愛情は変わらない」ということをアピールし続けるように心がけていました。

とうとうお手上げ

夫が回復し始めたと喜んだり、アルバイトを辞めてしまったとガッカリしたり、一喜一憂していた私がよかれと思ってしていたことは、彼に余計なストレスを与えていただけでした。つらい複雑な思いを抱いていた夫の気持ちを深く理解せずに、夫を元気づけようと、お誕生日やクリスマス、バレンタインなどに特別な用意をしたりしても、喜んでもらえなくて必ずガッカリすることになってしまいました。以前に楽しめた旅行先なら、きっと気分転換になるだろうと思って準備していても、夫からドタキャンされてしまい慌てたこともありました。うつ状態の人には、特別なことは気晴らしになるどころか、プレッシャーにしかならないということを、当時の私は全くわかっていなかったのです。

私の思いとは裏腹に、通い婚状態でも、夫のうつ症状は変わりませんでした。私は、夫から拒否されてしまった旅行に、思い切って一人で出かけてみたら、かなりリフレッシュすることができました。ところがその間に、夫の状態はさらに悪化していたのです。

私が旅先から戻ったことを、夫に電話したら、「ちょっとまずいことになっているから、車でホテルまで迎えに来てもらえないか」と言われました。そのホテルは、私が住むようになった実家から、車で10分くらいの距離にありましたので、私は言われるままに、彼が指定した駅前のビジネスホテルに迎えに行きました。

フロントで彼の名前を告げてルームナンバーを確認し、その部屋のドアをノックしたら、出てきた彼が「急いで出よう」と囁き、まるでスパイ映画のように、身をかがめながら廊下を壁づたいに忍び足で歩き始めました。私にも、「見つかるとまずいから気を付けて!」と指示をしながら、フロントの前を急ぎ足で通過して、ホテルの前に停めておいた私の車に素早く乗り込みました。「ホテルの宿泊料を踏み倒そうとしたんじゃないよ。何者かに狙われているから、気を付けないといけないんだ」と、わけのわからない説明をされながら、とにかく私の住むマンションに向かいました。

その日から、「盗聴されている」「隠しカメラがあるはずだ」と、私の部屋のコンセントや家電を片っ端から分解したり、あげくの果てには、水道の蛇口に耳を当てて、「誰かの話し声が聞こえる」と言い出すようになりました。彼は数日間、私の部屋に〝潜伏〟していて、私が仕事から帰宅しても、ドアがすぐには開けられない状態でした。内鍵だけでは安心できないらしく、フォークやスプーンで内鍵をさらに補強していたからです。私だとわかれば、ガチャガチャとそれらを取りはずしてドアを開けてくれました。

彼は、常に誰かに追われているという被害妄想に囚われているようでした。アルミホイルで壁の隙間を埋めてみたり、修正ペンで桟を白くスーッと塗ってみたり、とにかく異常としか思えない行動を繰り返していました。私は、最初はあっけに取られながら彼の妙な行動を見ていましたが、だんだん家の中を荒らされては困ると思うようになり、やめさせようとして、「いいかげんにしてよ！」と、つい声を荒らげてしまうこともありました。

「彼をなんとかしなくては」と試行錯誤を繰り返して頑張っていた私の存在そのものが、彼の回復を妨げていたことを認めないわけにはいかなくなりました。私も彼も毎週1回カウンセリングを受けていたのですが、5年経過した頃にカウンセラーから「離婚した方が彼のためになるかもしれません」と提案されました。彼に「離婚しましょうか」と話を切り出してみたら、彼も限界を感じ始めていたようで、あっさりと合意してくれました。

私が生意気盛りだった20代半ばに知り合った彼は、ずっと良き相談相手になってくれていました。30代後半に再会して同居することになり、40歳で入籍し、一年後に別居し、その2年後に離婚したわけですが、離婚した後も訣別には至らず、腐れ縁のような彼との後半の10年間は実に波乱に満ちた日々でした。そして、自分がどれほど間違いだらけの人間であったか、また、どんなに頑張ってもダメなときもあることを思い知らされた日々でもありました。

放てば手に満てり

「放てば手に満てり」（手放してこそ大切なものが手に入る）という禅の言葉がありますが、私も夫への執着を手放したことで、たくさんの大切なものに気づくことができました。放つ勇気も時には必要なのですね。

私は20歳で家を出る前から、「出戻りなんてありえない」と思って覚悟をしていましたが、家賃も払えなくなってしまい、意外なことに「戻ってきなさい」と言ってくれた両親に、藁にもすがる思いで甘えてしまいました。敗北感と屈辱感でいっぱいでしたが、両親と一緒に暮らすようになり、子供の頃にはわからなかった、両親からの愛情を感じられるようになりました。

とにかく驚くほど甘く優しくなっていた両親に、「どうして変わったの？」と尋ねてみたら父は「それは出戻り娘があまりにボロボロ状態だったからだ。いよいよダメそうになったときは絶対に助ける！　娘なんだから」と言われ、安堵で不覚にも大泣きしてしまいました。私は親から愛されていない、親なんてあてにしないと諦めていたはずなのに、実はその言葉を子供の頃からずっと待ち望んでいた自分に気が付きました。

また、私は、最近になってから、親の教えには、基礎編と応用編があることにも気が付きました。基礎編では正しい理想を、応用編では、理想どおりではないこともあるということを学ぶのです。「頑張ってもダメな場合もある」というのも応用編です。たいていの人は、当たり前にどちらも学んでいるのでしょうけれど、私は人一倍成長が遅く、そのくせ早くに親から離れてしまったせいで、応用編を学び損なっていたような気がします。人生の折り返し地点で、足をすくわれて出戻り娘になってしまったことで、遅ればせながら「応用編」に触れる機会に恵まれ、親の愛情を信じることができるようにもなり、やっと肩の力が抜けて気持ちが楽になりました。

とはいえ、「頑張れば報われる」という言葉は、これからも信じ続けていきたいと思っています。すぐに報われることはないかもしれませんが、意外なときに、意外な形で報われるものだと理解できたからです。**「人生はマラソン」**といわれるように、常に全力疾走では、息切れを起こし完走できないリスクも高くなります。**頑張り過ぎて息切れしてしまっては本末転倒**になってしまいますので、時には休息を取ることも意識して、お楽しみも盛り込みながら、明るい気持ちで頑張りたいものです。

共依存でも共倒れしない方法

【境界線　自分は無力と認める
本音で話せる場所】

「お互いになくてはならない存在」と聞いたら、理想的な人間関係をイメージされる人が多いでしょう。二人が持ちつ持たれつの程よいバランスを保ち、どちらも快適であるなら、素晴らしい人間関係と言えます。ところが、どちらかが一方的に依存し、片方がそれを支え続けるようなアンバランスな人間関係の場合は、「共依存」という名の「依存症」に分類されます。

共倒れにならない関係

「共依存」の特徴は、相手を自分と同化させてしまう過剰な親密感です。それが相手のためになると思い込み、相手の心情を無視するようにもなります。相手が自分から離れていかないように、無意識に相手をコントロールしようとするのです。

「共依存」の人同士は、まるで磁石のプラスとマイナスです。吸い寄せられるようにピタッとくっつき凸凹状態にはまり、どんなに関係や状況が悪化してもなかなか離れようとしなくなります。もしも離れることができたとしても、また同じような人間関係を無意識に求めて、繰り返す傾向が見られます。たとえば、アルコール依存症の夫と離婚しても、また何らかの依存問題を抱えている男性と再婚してしまうというパターンです。それは、自分が必要とされていることがわかりやすい関係なので、自分の存在価値も確信しやすいからです。

「共依存」も含めて、「依存症」の原因は、頑張り過ぎることで抱えるストレスと考えられています。アルコール依存症の患者さんの多くが、「お酒さえ飲まなければいい人なのに」と言われます。そして、アルコール依存症などの陰には、たいてい「共依存」という名のもう一つの「依存症」が潜んでいるのです。「良い人」でいなければと無理をし続けてアルコール依存症に陥ってしまった夫と、夫を無理してでも支えようとする妻の関係が、「共依存」の典型です。依存される側は、面倒見の良い優しい妻ですから、問題があるようには見えません。けれども、アルコール依存症の夫がいくら回復しようとしても、妻が「共依存」から回復しない限り、夫の回復を妨げる存在になってしまうというわかりにくいカラクリが潜んでいるのです。

依存症になってしまうほど無理をしてストレスを溜め込んでしまう人たちに共通しているのが、子供時代からの「見捨てられ不安」です。たいていの「依存症」タイプの人は、真面目で頑張り屋で優しいと、周囲からは高く評価されるのですが、本人たちの自己評価は低く、自分の存在価値を求めて頑張り続けているのに、生きづらさを感じています。そのストレスや孤独感を紛らわせるために、何かに依存するようになるのです。

一方的に世話をやく点では母親と幼児も「共依存」と似たような関係ではありますが、「共依存」とは言いません。健全な子育ては、幼児の成長につれて、自立させるために少しずつ手を放していくことを前提としているからです。けれども、親が「共依存」タイプであった場合、いつまでも子供を自立させることができないどころか、抑圧して成長を妨げてしまうような過干渉（過保護や厳格）になりがちです。「共依存」タイプの親に育てられた子供たちは、生きづらさを感じるようになります。そして親からの過剰な影響が染みついた「共依存」タイプの大人になっていきます。これは遺伝ではなく、世代連鎖と呼ばれるものです。

良好な人間関係に幸せを感じる私たち人間には、ある程度の「共依存」性も必要ですし、自然なことでもあります。しかし、あまりに「共依存」性が強すぎる人の「愛情」は、相手をダメにしてしまうのです。親子であれ、夫婦であれ、恋人であっても、**お互いが他者であり、同化はあり得ないとわかっていれば、どんなに愛し合っても「共依存」関係にはなりません。「ここまで」という境界線をきちんと持っていれば、共依存性の強い相手が、境界線を越えて迫ってきても、距離を保てたり、離れていくことができます。それができる人なら、もしも相手が「依存症」問題を抱えている人であっても、共倒れにはならないのです。**

共依存が発覚

私が自分の共依存性がかなり強いことに気が付いたのは、二人目の夫が私から離れていった後でした。C型肝炎の治療がうまくいかず、心身ともにドロップアウトしていく夫を、私は必死で支えようとしていました。しかし、夫の複雑な心情が全く理解できず、それを何とか解明しようと、最後には大学に入り直して精神医学や心理学を学ぶまでになりました。今振り返れば、そのようなパワーも共依存タイプならではだったような気がします。

学び始めてわかったことは、夫が180度変わってしまったのは、「薬物依存症」という精神疾患が原因だということでした。薬物依存症者の回復のための「NA（ナルコティクス・アノニマス）」という自助グループがあるということも知りました。すっかり友人を遠ざけていた夫に恐る恐る「NA」ミーティングへの参加を勧めてみたら、意外なほどすんなり出かけていき、仲間を連れてくるようにもなりました。私も「ナラノン」という薬物依存症者の家族のためのミーティングに参加するようになりました。「NA」も「ナラノン」も、アメリカで始まったアルコール依存症者のための「AA（アルコホーリクス・アノニマス）」から派生した自助グループで、A（アノニマス）がつく自助グループは、それぞれの依存症に合わせて他にも実にたくさんあります。ミーティングへの参加は登録制ではなく匿名制で予約も要りません。「言いっぱなし聞きっぱなし」のルールで安心して心のデトックスができます。また、全ての自助グループで依存症からの回復のプロセスを示した「12のステップ」という共通のプログラムを活用しています。

そのステップ1が**「自分は無力だということを認める」**であることに私は驚愕しました。私はそれまでずっと「いかなる場合も全力で頑張らなければならない」と思い込んでいたので、

「無力だ」なんて匙を投げるようでとんでもないことだと反発を感じたのです。つまり、私は依存症と同じ「ねばならない」の思考回路で生きてきたことが判明したわけです。

幸いなことに、私と夫は同じ時期に、共依存夫婦であることを自覚し、経済的に破綻したのを機に別居し、自然に離れて暮らすようになりました。今思い返せば、薬物依存症の夫より、私の共依存症の方が重症だったような気がします。離婚してからも愛情は変わらないことを強調したかった私は、ついつい余計なお世話をしがちでしたが、夫の方はそんな私から自分を守るように、すこしずつ離れていきました。

ある日の夜遅く、土砂降りの雨の中を、私は夫の勤務先に、車で迎えに行ったことがあります。私たちは互いの実家に別居していた状態で、夫も頑張ってアルバイトを始めたばかりの頃でした。彼は30分ほど歩いて通勤していました。不慣れな仕事で疲れているのに、ひどい雨の中を歩いて帰るのは大変だろうと思った私は、自分の実家から30分かけて車で夫の勤務先に向かったのです。ところがバイト先から出てきた彼は、私を見るなり「なんで来たんだ！」と怒って、車には乗ろうとせず、雨の中をどんどん歩いていってしまいました。

私は彼の予想外の反応に唖然としてしまいました。以前なら「せっかく迎えに来たのに！」と腹が立ったでしょうけれど、必要以上におせっかいな妻と、それに依存してどんどんダメになっていく夫の関係を自覚させられました。彼はそんなアンバランスな夫婦関係を必死で断ち切って立ち直ろうとしていたのに、私には全く理解できていなかったのです。

私がどんなに頑張って尽くしても、ちっとも病気が良くならず、それが彼にとっては有難いどころか負担でしかなかったことに気が付いても、急に自分の対応を変えることができるほど、私は器用ではありませんでした。しかし、やっと白旗を上げて降参するような気持ちで、お互いの回復のための「発展的離婚」にすんなり納得することができました。

働きアリの現象

共依存タイプではない人たちは、「他者をそこまでは助けられない」と線引きができるのですが、共依存タイプの人は、助けたい一心で、尻ぬぐい（お金の工面など）をしたり、先回りをして助けようとします。しかし、助けようとすればするほど、相手をダメにしてしまい、事態は悪化し、最終的には共倒れになる危険性があるのです。

みんなが同じように責任感を持ち、努力したらよいのですが、誰かが「何とかしなければ」と頑張ると、周囲や相手はその人に頼ってしまい、無関心、無責任、無気力になりがちです。働きアリを観察していると、その中には怠けアリたちが必ずいるそうです。その怠けアリたちだけを集めると、なんとその中で頑張るアリが現れ、よく働くアリだけを集めると、その中で怠けるアリが現れるそうなのです。私たちもどこか似通っているところがあるようです。あなたが何とかしなければダメになってしまいそうな人は、あなたが世話をやけばやくほど、ますますダメになってしまうのかもしれません。**全力で助けようとするのではなく、相手の状態を客観的に見て、手加減をしながら助けるように心がけると、相手の問題解決能力が引き出されるようになります。**アルコール依存症の人の家族のための自助グループ（アラノン）などでは、「愛情を持って手から離しましょう」という言葉が投げかけられます。

共依存を克服するためには、次のことを心がけるようにしましょう。

依存してしまう側
①自分のことは自分で決断する。
②本音で話せる場を持つ。
③お互いの一人の時間、一人の行動を大切にする。
依存される側
①相手の問題行動をやめさせようとすること自体をやめる。
②自分が「必要とされること」に依存していることを自覚して相手と距離を置く。
③相手の問題と自分の問題を混同せずに、切り離して考えるようにする。

共依存性を活かす

もしも私たちに「共依存性」が全くなかったら、人間社会は成立しないのではないかとも考えられます。どちらか一方が頼ることがあったとしても、一時的で、持ちつ持たれつであるならば、健全で良好な人間関係と言えます。良好な人間関係は、どちらも犠牲にならないものであり、とても快適なものなのです。あなたが共依存タイプだとしても、悲観することはありません。共依存性が高い人は、「人の感情を敏感に察する能力」に長けています。我慢強く、自分の感情を抑えることができます。人の期待に応えるのがとても上手で、誰からも好かれます。ただし、我慢し過ぎて自滅してしまう可能性が高いというのも特徴です。あなたに潜む共依存性は、微調整さえできれば、素晴らしい人間性として活かされるようにもなることでしょう。

そして、あなたが、かつての私のように、「ねばならない」という考えに取りつかれている「ネバネバ星人」で生きづらいようでしたら、「いろいろありなんだ」と思える「ゴム星人」になれるくらい、もっとたくさんの人たちと心のキャッチボールをしてみて下さい。傷つくこともありますが、その傷が癒される出会いもたくさんあります。頑なな自虐的思考回路を変えることができたら、きっと寂しさから解放されて、人間関係を「人生の醍醐味」として楽しめるようになると思います。

依存を分散させてみましょう

【チャンネルを多く持つ　二兎追う　アダルトチルドレン】

大切な人間関係や安定した暮らしまで破滅させてしまう恐ろしい依存症に陥らないためには、囚われている嗜癖対象をやめようと頑張るだけでは、一時的に回復したように見えても、益々ストレスフルになってしまい、病気は再発してしまいます。依存症は、ストレスを発散するために何かに依存してしまうという病気なので、まずは、そもそものストレスの原因をつきとめてそれを解決していく必要があります。仕事内容そのものにストレスの原因があるのなら部署を替えてもらったり、転職を考えるなど、頑張り過ぎず、こだわり過ぎず、自分の能力を発揮できる環境に変えてみましょう。特定の人との人間関係にストレスの原因があるのなら、他の人との関わりを増やしたりして、相手との精神的な距離を取るようにしてみましょう。

また、**嗜癖対象を分散化する**ことも必要です。難しいことかもしれませんが、依存しがちな嗜癖対象を他の何かに「置き換える」ことを考えられるとよいと思います。複数に分散させると依存度が軽減され、病的な偏りを軽減することができるようになるでしょう。これしかないと思い込まずに、これまでに経験したことがないことを試してみたら、案外楽しめることがわかることもあります。新しい趣味の始まりはそういうものではないでしょうか。

人間関係に依存してしまう「共依存」の場合も、**依存する側もされる側も、「分散させる」という方法が有効です。**親子でも夫婦でも親友でも、一人の人に全てを求めてしまうと、あるときいっぺんに全てを失ってしまう危うさが生じます。その不安から、その人に過度に執着してしまうわけです。誰にでも多面性があり、複数のチャンネルを持っています。一人の人に全てを求めずに、複数の人たちに分散させるようにしていれば、リスクが軽減され、気持ちが安定してきます。100％ＯＫの人はいませんが、複数の人たちと少しずつＯＫを出し合いながら、負荷をかけ過ぎることなく、お互いの心の隙間（寂しさ）を埋めていれば、人間関係のバランスを良好に保つことができるのです。

ある程度依存し合うことで成立しているような恋愛、親子、夫婦関係であっても、お互いが基本的には自立していることで関係のバランスがとれます。ここでの「自立」とは、経済的な自立ではなく、精神的な自立です。相手が子供であっても、精神的な自立を促すような対応を繰り返すことにより、人間関係のバランス感覚を養うことができるようになります。

アダルトチルドレン

情に厚く優しくて真面目で、忍耐強く頑張り屋の人たちは、依存症タイプの可能性がありま す。なぜこれほどまでに非の打ち所がないような優秀な人でいられるのかというと、子供の頃に気苦労が多く鍛えられた結果、培われた**「アダルトチルドレン」**ならではの卓越した対人スキルと、「見捨てられ不安」が根底にあるからかもしれません。

「アダルトチルドレン」は病名ではなく心理学用語です。「抑圧された子供心」と訳されますが、わかりやすく表現するなら、「子供なのに大人のような気苦労が多かった人たち」です。遠慮なく喜怒哀楽を表現することが許されるべき子供時代に、何らかの理由で安心して自由にのびのびと生きることが許されないような環境に置かれて育ったために自虐的な思考回路になり生きづらさを抱えている人たちを指します。アダルトチルドレンという言葉は、アメリカ合衆国の元大統領ビル・クリントン氏が、自伝の中で「母親の再婚相手が暴力を振るうアルコール依存症で、家族を庇うのに苦労した私はアダルトチルドレンだった」とカミングアウトしたことで、広く一般的にも使われるようになりました。

アダルトチルドレンタイプの人たちは、「よく気が付く優しい人」「我慢強い人」「ものすごい頑張り屋さん」として周囲から高く評価されますが、本人は独特の「見捨てられ不安」にいつも怯えています。子供の頃から人の顔色をうかがう術が鍛えられているため、常に他者からの評価を気にする傾向が強く、しかも他者から評価されても自己評価を上げることがなかなかできません。完璧主義な上に自己評価が低いため「もっともっと頑張らねばならない」と自分に鞭を打ち続け、あげくに心身ともに疲れ果ててしまい、ある日突然、何もかもを放棄するなど、周囲が理解しかねる行動に走ることもあります。

嫌われないようにしなければならないという防衛本能が非常に強く、「自分さえ我慢すれば丸く収まる」という自虐的な思考回路により、自分が本当はどうしたいのか自分の本音を感じることが苦手で、重要他者（ある特定の人）に振りまわされてしまいがちです。また、常に人間関係に気を遣い過ぎて、ストレスを溜めがちで、そのストレスから逃れたいために、特定の物や行為に依存しやすくなる傾向があります。ストレス解消のつもりで始めた飲酒、薬物（市販薬も含む）、ギャンブルや買い物などの行為が、エスカレートし、コントロール不能に陥ってしまうわけです。嫌われないために「完璧でなくては」という強迫観念に囚われ、オールオアナッシングで考えがちで、何事においても「ほどほど」にしておくことが苦手です。

「私もアダルトチルドレン？」と思い当たるようであれば、**「エゴグラム」**という心理テストを受けてみましょう。簡単なテストですが、古くから世界中で実施されている、信憑性の高いテストです。成育歴を反映させるもので、子供の頃にどのような気持ちで育ったかが、その人の土台を形成していると考え、人間の心の5つの側面に焦点をあてて、その人の個性を表します。5つの側面のひとつが「アダルトチルドレン」なのですが、「アダルトチルドレン」という言葉だけがタイプ（個性）を表現する言葉として、独り歩きするようになりました。

子供の頃に気苦労が多かった人は、「アダルトチルドレン」の値が高く出る傾向が見られます。アダルトチルドレンの値が高い人は、他者への気遣いが優れており、誰からも好かれるというプラス面の反対側に、対人関係に疲れやすいというマイナス面があります。他の4つの側面も同様で、どの値が高くても低くても、それなりに必ずプラス面とマイナス面が示されます。5つの側面の**プラス面とマイナス面の関係性を理解することで、生きづらさの謎が解ける**でしょうし、**マイナス面をほどほどに調整することで、より快適な生き方に変えることができます。**ちなみに、心理テストは、マイナス面（欠点）しか示さないようなテストは、信憑性に欠けると考えた方がよいと思います。**全ての物事に必ずプラス面とマイナス面があるはずだからです。**

人間関係の分散

私たちのストレスの原因は、ほとんどが人間関係であると言っても過言ではないでしょう。つまり生きづらさを感じる要因のほとんどは、人間関係に起因します。環境が厳しくても、人間関係さえ良好であれば、私たちはかなりポジティブな気持ちで頑張ることができます。逆にいくら条件に恵まれた環境に置かれていても、人間関係が良好でなければネガティブな気持ちに耐えられなくなります。また、私たちは、良好な人間関係の中に幸せを求めようとします。

素敵な恋人に巡り合いたいとか、幸せな結婚をしたいとか……。私も「運命の人」に幸せを見出だそうとしていましたが、親友に「彼もスーパーマンじゃないからねぇ」とたしなめられたとおり、それは幻想でした。どんなに素敵な人でも、人間です。特定の相手に完璧を求めた途端に人間関係は崩れ始めます。

もしもあなたが特別な人に満たされない思いを持っているなら、その人だけに求めるのではなく、他の人にも求めるようにすれば、満たされることになるでしょう。「二兎を追うものは一兎をも得ず」とは言いますが、人間関係は逆に一人だけに執着せずに、複数に求める方が執着心が分散されて、人間関係のバランスがとりやすくなります。誰でも多忙になったり、病気になったり、問題を抱えたりするものです。恋人がいても、結婚しても、相手と常に良好な人間関係でいられるとは限りません。相手とうまくいかなくなったときに、相談できる友人がいれば、慰めてもらえたり、アドバイスがもらえたり、問題解決の可能性も広がります。友人をたくさん作る必要はありませんが、本音で話せるような人の顔を、２、３人思い浮かべることができるようになるとよいですね。

複数の選択肢を持つ

誰の心にも寂しさや不安のような満たされない隙間があるようです。**心の隙間は自力で完全に埋めることはできないもので、行動や物、他者の存在が埋めてくれるような仕組み**になっていて、それが人間社会の源になっているのかもしれません。**何か一つ、誰か一人に埋めてもらえることはなくて、複数の物や人たちが埋めてくれる**ものなのではないかということです。特に人においては、お互いに埋め合っていくような具合です。一つのこと、一人の人だけに執着せずに分散させるようにしてみましょう。

自分とは関係ない、興味がないと思っていた趣味も試しにいろいろチャレンジしてみることをお勧めします。恋人とばかり一緒にいないで、たまには友達を誘ってみましょう。親との関係で満たされない思いがあるなら、年上の他人に求めてみて下さい。子供は母親だけでなく複数の人間で育てるものと考えるようにしましょう。**私たちは様々な人間関係に育まれて、死ぬまで精神的に成長していくもの**だからです。

カウンセリングとは

【問題の本質が見える　自己治癒力　何度でも吐き出せる】

カウンセリングと聞くと、精神がとても病んでしまった人が頼るところというイメージがあり、自分には必要ない！　と思われる方も多いようですが、どうしようもなく悩んでいるとき、**カウンセリングを利用することも一つの解決方法になります。**電話で気楽に相談できる、「心の健康電話相談」というようなものも各自治体が運営していますので、まずはそれを利用してみるのもよいでしょう。臨床心理士や精神保健福祉士、ケースワーカーなどが応対してくれます。必要に応じてクリニックを紹介してくれることもあります。

日記を書くことで自分の気持ちを整理したり、親しい人に親身になって悩みを聞いてもらうのでも、メンタルケアになるとは思いますが、日記では、自分の枠から抜け出ることが難しい場合もありますし、いくら親しい人でも、しょっちゅう同じ話を聞いてもらっていると、そのうちに「その話はもう聞いたよ」と言われる恐れも出てきます。その点、カウンセリングでは、毎回同じ話を繰り返しても問題ありません。同じ話であっても、1回目に話したときと、10回目に話したときでは、ずいぶん違ってきます。何回も同じ話をすることによって混乱していた頭の中が整理され、問題の本質が見えてくるからでしょう。たとえ具体的に何も改善されなくても、気が済むまで訴え続けていると、不思議と執着が薄れていくものです。また、繰り返し話しているうちに、問題の受け止め方が変わっていき、マイナスの出来事を、場合によってはプラスに考えられるようになることさえあります。

心療内科と精神科の違い

身体的にはどこも悪くないのにどうにも具合が悪いというときに治療してもらう医療機関として、心療内科と精神科があります。最近はメンタルクリニックという看板を掲げているところが増えていますが、ネーミングで分類されているわけではありません。強いて分けるとするなら、心療内科は、内科と精神科の両面を診てくれる医療機関と言えるかもしれません。

また、精神科医による診察とカウンセリングは異なります。医師がカウンセリングも行う場合もありますが、医師の役割は症状の診断と必要な処方箋を作成することです。初診は少し長めに時間を取るようにしている医師が多いようですが、全ての患者さんの悩みを何十分もかけて聴くことはできません。それはカウンセラーの役割になります。また、「良い先生」「良いカウンセラー」というのは相性が良いかどうかで決まります。話を黙って聴いてくれる方がいいという人もいれば、具体的なアドバイスを示してくれる方がいいという人もいます。いたずらにドクターショッピングを繰り返していては、信頼関係が築けませんから、効果的な治療は期待できなくなってしまいますが、通院することが心の負担になってしまうようでは、本末転倒です。相性の良い医師とカウンセラーを探してみて下さい。

カウンセラーは瓦礫撤去のお手伝い

私は、カウンセラーになる前、一人目の夫が本当に私のことを愛してくれているのだろうかと、だんだん懐疑的になってしまい、28歳の頃、1年近く別居してみたことがありました。その時、私の一人暮らしのアパートに訪ねてきた母に、初めて悩みを打ち明けてみたら、「カウンセリングに行った方がいいんじゃないの？」と言われてしまい、私はものすごくショックを受けました。母の口から「カウンセリング」という言葉が出たこと自体が驚きでした。当時の私は、カウンセリングというものを全く知りませんでしたので、母から突き放されたような気がしました。「全く見ず知らずの人に話をしたって意味ないんじゃないの」と思ったのです。

今思えば、母からのアドバイスはなんと的確だったのだろうと思います。


とても混乱しているとき、私たちは水中で溺れている人と同じような状態になっています。私たちはパニックに襲われると、足が着くような深さでも溺れたりします。やみくもにバシャバシャもがいていると体が沈みますが、力を抜いて大きく息を吸い込むと肺が膨らみ浮力が生まれるので、体が沈むことはないのです。お風呂の中で大きな深呼吸をすると、面白いくらいに浮力の強さをハッキリ目で見て感じることができますので、一度試してみて下さい。その浮力と同じように、私たちにはとても強い自己治癒力や問題解決能力が備わっているといわれています。

カウンセリングは、波乱に襲われてパニックになって溺れている状態の人の、本来の問題解決能力を引き出すために、落ち着きを取り戻すまでの援助をします。なので、バシャバシャともがくように繰り返し話されるのを、何度でも傾聴します。

カウンセリングの知識がない人の場合、つい先回りをして、アドバイスをしてしまいがちです。親しい間柄なら余計に苦しんでいる話を黙って聴くだけではいられなくなります。だから知り合いではないカウンセラーを利用するとよいのです。

変えることができない過去の話だったり、解決しようがない愚痴話だと、わかっていても、どうしても執着してしまう怒りや悲しみもあります。そのような気持ちも、悪い物を食べてしまったときのように、口から吐き出すことでずいぶん楽になるものです。いくら吐いても吐いてもなかなかデトックスされない場合でも、**カウンセラーは何度でも吐き出せる相手になります。思う存分吐き出しているうちに、聴いてもらいたい欲求がフッと消えて、自然に執着が解消されるときがきます。**それがカウンセリング効果です。

繰り返し話をしているうちに、混乱していた頭の中が整理され、客観性が出てきます。そうなれば、問題解決能力も回復します。それは、被災地の瓦礫撤去のような作業です。大災害で瓦礫の下に埋もれてしまっている本来の能力を掘り起こすために、一緒に瓦礫を撤去していく、それがカウンセリングの基本だと私は思っています。

私の「mami カウンセリング・ルーム」では、メンタルケアになりそうなことは何でも取り入れています。そのひとつはグループセラピーです。アルコール依存症者の自助グループミーティングを真似た、「言いっぱなし聴きっぱなしのルール」で、一期一会の参加者が本音を語ることができる集いです。学生時代は無制限にお喋りができる時間や場所がありますが、大人になると本音で語れる機会がめっきり減ってしまいます。グループセラピーは、他者の本音を聞くことができる貴重な場にもなります。皆それぞれにいろいろあるんだと感じることで、心の間口がぐ～んと広くなり、孤独感が軽減されたり、考え方を柔軟にする効果も期待できます。

日曜日のティータイムを自宅で過ごしたくない人たちが集まって、楽しいひとときを過ごす「レディスサロン」（茶話会）と、学校や職場などに自分の居場所がなく、孤独を感じている方々が集い、心友を探す「無所属クラブ」も開催しています。

また、「お散歩クラブ」という集いも開催しています。うつ病には治療薬だけでなく、日光浴も効果があると推奨されています。掌に20分間太陽光線を当てるだけでも効果があるそうです。私も、うつ状態だったときに、近所の公園を歩くようにしていました。そのときに、自分は四季折々の景色を眺めるのがこんなに好きだったんだと気が付きました。その経験から、身近な自然を満喫しながらそぞろ歩く集いを思いついたのです。散歩が健康に良いとわかっていても、一人じゃつまらないと思ってしまうような人達と、近場の緑の中を、他愛のないお喋りをしながらの～んびり歩くのは愉しいものです。心地よく感じられることなら何でも、心のトリートメント効果が期待できます。

第5章

生きづらさを経て今 ～あとがきに代えて～

見捨てられ不安、希死念慮、共依存、２度の離婚、
うつ病、不眠症、介護、そしてカウンセラー……。
ジグザグ人生を歩んできた私が、
大切に思えたことがぬくもりとなって、
みなさんに少しでも感じてもらえたら嬉しく思います。

生きづらさを経て今 ～あとがきに代えて～

私は、50年近く、得体の知れない寂しさを抱えていました。そのことが、生きづらさの原因にもなっていたような気がします。父に言わせれば、私の半生なんて、ちっとも波瀾万丈ではないそうですし、「波乱」は、大なり小なり誰にでも起こり得るものだと思います。その原因と対策をみなさんも見つけられたらいいなと思って本書を書きました。

親の老いがもたらしたもの

現在、私の父は91歳、母は89歳です。数年前までは人並み以上に若々しく元気だった両親も、今や老々介護状態です。幸いなことに二人とも首から上はまだ元気で、ビックリするほどよく食べ、よく喋り、よく笑います。とは言っても、この数年間に、二人とも脚力はかなり低下してしまい、歩行器を利用しなければ、家の外に出ることができなくなりました。

父は舞台美術家の仕事はとっくに引退していて、執筆の仕事も辞めてしまいましたが、たまに新聞や雑誌などのインタビュー依頼をいただくと、昔のように張り切って、睡眠不足になりがちです。インタビューされる側なのに、書かれた原稿がどうにも気になり、修正しようと徹底的に取り組んでしまうからです。睡眠不足になると、体が思うように動かなくなり転倒を繰り返すようになりました。いつのまにかパソコンも使いこなせなくなっていました。長年使い慣れていたはずの携帯電話の操作も、混乱してしまい、ちゃんと通話ができないときもあり、不便を感じるようになりました。

親が加齢に伴い心身ともに低下していく姿を傍で見ていれば、子供は親を助けたくなりますし、親は子供に迷惑をかけたくないと考えるようです。そうなることで、不仲だった親子でも、最後はお互いの愛情を感じられるようになるものなのではないかと思えてきました。「自分の親子関係はそんなに甘いもんじゃない！」と思われる読者も少なくないとは思いますが、**相手が誰であれ、怒りや恨みのような負の感情を抱き続けることは、心を蝕む危険があり、自分の人生をつまらなくしてしまうだけで、何一つ良いことはありません。**かといって、「許す」とか、「感謝する」というのは、自然な感情であり、頑張ってできるものでもありません。**無理に関係を修復しようと努力するよりも、いつか自然に気持ちが変わる日が来ることだけを、心の何処かで信じている方がよいのかもしれません。**それまではむしろ、自分がそれ以上傷つかないようにしっかり距離をとることで、時の妙薬の助けも得られて、傷がかさぶたになり、傷跡も少しずつ薄くなっていくのではないかと思います。

現在のパートナー

「運命の人」など存在しないとやっとわかった50歳近くになってから、なんと三人目のパートナーとの出会いが待っていたのは、予想外の展開でした。彼は、一人目の夫の高校時代のクラスメイトで、久しぶりに当時の仲間で顔を合わせたら、シングルは私と彼だけだったこともあり、なんとなく付き合うようになりました。

父から、「おまえの人間関係は狭いなぁ」と毎回笑われますが、私は恋多き父とは違い、その点においては慎重で、三人ともパートナーとなるかなり前からの知り合いで、人となりをある程度知っていたことが、信頼できる決め手になって、結婚したいと思うようになったのです。

それでも、離婚するはめになってしまったのですから、「結婚なんて交通事故のようなものだ」という節も否定できません。

ちなみに三回目の結婚はしていませんが、人生のパートナーだと思っています。

二人の夫と、かなりべったりとした共依存的な感覚の私でしたので、三人目の彼が全く違う距離感を持っていることに、付き合い始めた当初は戸惑うことが多かったものです。たとえば、車で送ってくれても中間地点のバス停までだったり、意見が食い違いそうになるとさっさと帰ってしまったり、彼がいつも無理をしないでいることに面喰う場面がよくありました。でも、そのような彼の態度が、とかく「ねばならない」と思い込み、無理をしがちだった私を、いろいろなことから少しずつ解放してくれたのです。

彼は私を否定するような言葉ではなく、日頃の態度で、共依存的ではない健全な感覚を私に教えてくれているような気がします。おかげで、私はずいぶん楽な気持ちになれて、あの独特な生きづらさからも解放されました。そのおかげで、誰に対しても勝手に無理をして、勝手にイライラするようなことがほとんどなくなりました。

彼のクールでもなくホットでもない絶妙なバランス感覚が、物理的にも精神的にも適度な距離を保ってくれているおかげで、私たちは真逆なタイプであるにもかかわらず、10年間も無事に穏やかな時間を共に過ごすことができているのでしょう。若い頃のようなワクワクどきどき感はあまり感じられなくなりましたが、その分情緒が安定して、見捨てられ不安もなくなり、寂しいと思うこともありません。

常に何か行動を起こして役に立たなければ自分の存在価値がなくなってしまうという強迫観念も、最近は薄れつつあります。自然に笑顔を見せられるだけでもいいんだと思えるようになったのです。夜中に一人の部屋でふと目を覚ましたときも、寂しさを感じることはなくなり、別々に暮らしていても、ずっと求めていた安心感で満たされているように感じられます。幸せというものは、物理的な条件が満たされることで感じられるものではなく、心の有り様そのものだと、やっと気が付いたのです。

もしも三人目の彼との出会いが一番初めだったら、当時の私には彼の価値をこんなふうにわからなかったかもしれません。前の二人の夫との紆余曲折も、決して無駄にはならず、私を成長させてくれたのでしょう。**私たち人間はないものねだりが上手だから、進化したのかもしれませんが、不幸にもなってしまうのかもしれません。ちょいと足りないくらいでちょうどよい、全ての物事に限りがあるからこそ、目の前に与えられているものに価値があるんだと思えるようになりました。そう思えれば、過去を嘆いたり将来に不安を感じたりして、自分の人生をつまらないものにしてしまうこともありません。つまり、物事の受け止め方次第で、私たちは幸せな気持ちになれるということではないでしょうか。**

カウンセラーは天職？

私が「mami：カウンセリング・ルーム」を立ち上げて、試行錯誤をしながら15年が経ちました。ずっとサラリーマンだった私が、46歳にもなって、全く未知の自営業に踏み出したのは、「運命の人」ならぬ「運命の仕事」だと思ってのことでした。私は、人生最悪の事態に直面し、自分や周囲の人たちの生きづらさのカラクリを追究したいという衝動に駆られて、夜間大学の心理学部に編入したのですが、当初はカウンセラーになるつもりはありませんでした。ところが、卒業間際に実習先の精神科病院で、アルコール依存症から回復している患者さんOBに、

「あなたは良いカウンセラーになると思いますよ」と言われてから、にわかに、自分を救ってくれたカウンセラーのようになれたらと思うようになってしまったのです。

私はかなり遅咲きのカウンセラーですが、経験してきた全てが活かせる職業であるという点においては有利かもしれないと思っています。見捨てられ不安を抱えていたことも、離婚も、うつ病や不眠症を患ったことも、サラリーマンだったことも、介護の仕事も、何もかも全ての経験が役に立つカウンセラーという職業は、ジグザグ人生を歩んできた自分には、向いているのではないかと思うのです。**マイナスにしか思えないような経験でも、すぐに役立つことがなくても、いつかきっと活かされるときが来るのは、カウンセラーという職業に限ったことではなく、全ての人に当てはまることだと思います。これから先の経験も、きっと役に立つと思えば、受けて立とうではないかという前向きな気持ちになれますよね。**

青白い顔でうなだれていらしたクライエントさんと一緒にあれこれ考えながら、少しずつ笑顔を取り戻されていくご様子を拝見できる喜びは、他の仕事では経験できなかったものです。

本書も、メンタルケアの一つになればと思って書きました。生きづらさや、寂しさを抱えている人たちにも、希望を感じていただけたなら幸いです。

謝辞

子供たちの明るい未来のための書籍を主に出版されている風鳴舎の青田恵社長が、本書を新たな一冊に加えて下さいましたことを光栄に思いますとともに、ご縁を与えて下さいました中町英樹さんに、この場をお借りして御礼申し上げます。

超ご多忙の中、私の原稿を読んで下さり、身に余るほどのご推薦を下さいました阿川佐和子さんに、感謝&感激です！　ありがとうございました。

編集者の肥後晴奈さんの誠実なお人柄にもたいへん救われました。

また陰ながら支え続けて下さいました新名哲明さんと田中英生先生にも感謝しております。

妹尾まみ

©Masayasu Yamamura

著者

妹尾《せのお》まみ

心理カウンセラー(認定心理士)。
44歳で東京福祉大学社会福祉学部社会福祉科国際福祉心理専攻。
在学中の短期留学（フォーダム大学とハーバード大学）で最先端のアメリカのメンタルケアおよび福祉施設について学ぶ。高齢者介護施設勤務経験あり（ホームヘルパー1級、福祉用具専門相談員）。東武医学技術専門学校非常勤講師（2010〜2013）。2005年にmami'sカウンセリング・ルーム開設。著書に『生きづらいあなたには「見捨てられ不安」がある!』(主婦の友社）がある。

「mami' カウンセリング・ルーム」
女性専用のカウンセリングルーム。リーズナブルな料金で90分間。年中無休10時〜21時。訪問可。心理テスト利用可。カウンセリング以外のメンタルケアは無料で実施。
予約　電話03-3929-3634（平日10〜18時）
ホームページ　http://mamiroom.xsrv.jp

カバーデザイン	高瀬はるか
カバーイラスト	カシワイ
紙面デザイン	monostore
本文イラスト	小牧盟
編集	肥後晴奈
編集協力	新名哲明
校閲	ペーパーハウス
Special Thanks	松坂好志子（合同会社ままころ代表）、並木晶子・加藤水紀 菅谷由美子・星澤ゆか（勇気づけシェア講師）、今野泰子（カラダとココロのセルフケア・エイトケアトレーナー）、井澤恵子、日暮祐子、田中英生、K1000
販売促進	黒岩靖基、恒川芳久、松本笑佳、吉岡なみ子

ばいばい心の緊急事態 追い求めるのをやめてみた。
〜生きづらさのカラクリを知って幸せになる方法〜

2021年10月22日　初版第1刷発行

著　者	妹尾まみ
発行者	青田恵
発行所	株式会社風鳴舎 〒170-0005 豊島区南大塚2-38-1 MID POINT 6F (電話03-5963-5266/FAX03-5963-5267)
印刷・製本	モリモト印刷株式会社

ISBN978-4-907537-33-3　C0030
Printed in Japan